JANGUIÊ DINIZ

AXIOMAS
DA PROSPERIDADE

Autor dos best-sellers *Transformando sonhos em realidade*, *Fábrica de vencedores* e *A arte de empreender*

ns

SÃO PAULO, 2019

Axiomas da prosperidade

Copyright © 2019 by Janguiê Diniz
Copyright © 2019 by Novo Século Editora Ltda.

COORDENAÇÃO EDITORIAL: SSegovia Editorial
REVISÃO: Adriana Bernardino | Silvia Segóvia
CAPA: Lumiar Design
DIAGRAMAÇÃO: Vanúcia Santos

AQUISIÇÕES
Cleber Vasconcelos

Texto de acordo com as normas do Novo Acordo Ortográfico da Língua Portuguesa (1990), em vigor desde 1º de janeiro de 2009.

Dados Internacionais de Catalogação na Publicação (CIP)
Angélica Ilacqua CRB-8/7057

Diniz, Janguiê
    Axiomas da prosperidade / Janguiê Diniz. -- Barueri, SP : Novo Século Editora, 2019.

1. Mensagens 2. Autoajuda 3. Autorrealização 4. Sucesso 5. Sucesso nos negócios I. Título

19-1380   CDD 158.1

Índice para catálogo sistemático:
1. Autoajuda 158.1

Alameda Araguaia, 2190 – Bloco A – 11º andar – Conjunto 1111
CEP 06455-000 – Alphaville Industrial, Barueri – SP – Brasil
Tel.: (11) 3699-7107 | Fax: (11) 3699-7323
www.gruponovoseculo.com.br | atendimento@novoseculo.com.br

DEDICATÓRIA

Dedico este livro àquelas pessoas que, em algum momento da vida, se sentem sem amparo e precisam de incentivo e estímulos para se levantar e seguir em frente na árdua caminhada da vida...

Àquelas que precisam se inspirar e se motivar para se desenvolver pessoal, material e, principalmente, na esfera espiritual...

Àquelas que precisam de luz para materializar seus propósitos e conquistar, diuturnamente, a felicidade plena...

A palavra correta dita na hora certa, muitas vezes, serve mais que o amparo de uma coberta, de um abraço ou de um presente...

Desta forma, espero que as palavras contidas nesta obra confortem a vida daquelas pessoas que tanto precisam de um acolhimento!

ABREVIATURA
AD (Autor Desconhecido).

Sumário

APRESENTAÇÃO **11**
PREFÁCIO **13**

Foco na solução **15**
Não se faça de coitado **17**
Agradeça sempre pelo que tem **19**
O poder da ação **21**
Esteja sempre atento às oportunidades **23**
Conquistar o que quer só depende de você **25**
Inspire-se nos grandes vencedores **27**
Siga o rastro dos vencedores **29**
Disciplina é a chave para o sucesso **31**
Tenha a mente vencedora **33**
Trabalho árduo e persistência farão de você um vencedor **35**
O que vem fácil vai fácil **37**
Tenha vontade e força, queira vencer **39**
Escolha ter sucesso **41**
Verdadeiros guerreiros não desistem nunca **43**
O suficiente nunca é suficiente... Não pare **45**
Seja forte e corajoso **47**
Busque pelo conhecimento continuadamente **49**
O aprendizado te capacita **51**
O conhecimento precisa ser de dentro e de fora **53**
Atualize-se constantemente por meio do conhecimento **55**
Não seja "LTDA", abra sua mente para novos desafios **57**
O conhecimento é infinito, sempre haverá algo para aprender **59**

Coloque em prática o que aprendeu, aprenda
com o que pratica **61**

O preguiçoso só deseja, mas nada consegue conquistar **63**

Trabalhe no que te faz feliz e dá prazer **65**

#planej#Org#Esfç#Dedica#Determ#Persis#Foco
#Traba=#ExcelênciaSucesso **67**

O trabalho dignifica o homem **69**

Planeje suas ações, dê descanso ao seu cérebro **71**

Trabalhe pelo prazer de realizar **73**

Avalie suas ações **75**

Elimine seus problemas, enfrentando-os **77**

Não importa a altura da montanha, comece a subir **79**

Fique atento, quanto menos você espera,
a oportunidade aparece **81**

Não deixe passar uma boa oportunidade **83**

Tenha fé em Deus, tenha fé na vida **85**

Cultive os bons costumes, os valores e os bons hábitos **87**

As minhas boas atitudes e o meu caráter
independem dos outros **89**

Não seja um pobre homem rico **91**

Plante, cultive, não perca. Ganhe nem que seja um zero,
ele poderá somar no final **93**

Agir com ética é o seu tranquilizante para uma
boa noite de sono **95**

Se quiser vencer não fique parado **97**

Essa longa estrada da vida **99**

Seja o milagre da sua vida **101**

Comece a praticar aquilo que é indispensável
para o seu crescimento **103**

Não deixe para amanhã o que você pode fazer hoje **105**

Depois... Depois... Depois... Pode ser tarde demais,
não espere **107**

Comece a escrever a sua história de aventuras e emoções,
sem ponto final **109**

Seja progressivamente melhor a cada dia **111**
Sonhe com coragem e vá além do previsível **113**
Transforme seus sonhos em propósitos **115**
Não há dinheiro que pague o sentimento de um sonho realizado **117**
Não deixe que ninguém roube seus sonhos **119**
Os seus sonhos são combustíveis para o seu sucesso **121**
Para realizar seus sonhos, mantenha-se acordado **123**
Acredite, arrisque, tenha força e fé, nunca desista **125**
Conhecer seus limites lhe possibilitará ir além **127**
Não espere, saia do lugar, mude e construa algo novo **129**
Tire boas lições do que passou, mantenha a mente e os olhos no futuro **131**
Nossos sonhos não envelhecem, se renovam **133**
Cuide do corpo e da mente, ambos precisam ser alimentados **135**
Enfrente e em frente, não pare diante das adversidades **137**
Esforços continuados sobrepõem a inteligência e o talento **139**
Nunca desista, lute até o último segundo pelas suas conquistas **141**
Viva a vida! Não perca tempo, aproveite-a **143**
O amor pode tudo **145**
Recicle-se todos os dias para receber o novo **147**
Busque o melhor caminho **149**
Coloque em prática o que você tem de melhor **151**
Tempo é vida **153**
A busca do conhecimento é inesgotável **155**
Dê bons frutos diariamente **157**
Tenha foco em uma única coisa **159**
Reconheça seus erros **161**
Sonhar te mantém vivo **163**
Não abra mão dos seus sonhos **165**

Não boicote seus sonhos **167**

Use os "nãos" como degraus para sua subida **169**

Seja um campeão, não desista nunca **171**

Os grandes ensinamentos vêm dos momentos difíceis **173**

Mantenha o controle sobre suas emoções **175**

Valorize seu próximo **177**

Você é sua motivação diária **179**

Crie, inove e realize **181**

Os erros são os maiores professores **183**

Sonhar faz bem e mantém a mente saudável **185**

Enfrente seus medos **187**

Plante para colher **189**

Seja flexível **191**

Siga além da sua imaginação **193**

Pense grande para conquistar algo maior **195**

A sua meta de cada dia **197**

Você será o que deseja ser **199**

Coloque sua mente à frente do seu corpo **201**

Deseje ser escolhido **203**

Comece a subir **205**

Materialize seus sonhos **207**

Tenha fome por conquistas **209**

Seja perseverante em busca do que acredita **211**

Nunca pare, siga em frente **213**

Seja paciente e cuidadoso **215**

Seja otimista o tempo todo **217**

Enxergue as coisas com criatividade **219**

Veja sempre o lado bom das coisas **221**

Tenha controle sobre suas emoções **223**

Afaste-se dos matadores de sonhos **225**

Tenha autoconfiança em tudo que faz **227**

Acredite no que você pode realizar **229**

Desenvolva sua autoconfiança **231**

Vá e não peques mais **233**

Conhece-te a ti mesmo **235**

Estimule-se com o medo que há em você **237**

Invista sempre em livros, ler é indispensável **239**

Seja milionário em educação **241**

Seja resiliente, frio e calor fazem parte da sua vida e são ótimos **244**

Obstáculos foram feitos para ser superados **246**

O fracasso é sua grande lição de vida **248**

Seja mais flexível **250**

Tolere... Tolere... Tolere... Tolere mais um pouco **252**

O amor é paciente **254**

É melhor dar do que receber **256**

Gere riquezas, deixe legado **258**

Pense, projete o futuro **260**

Não fique obsoleto, atualize-se **262**

Um passo à frente, esteja com a cabeça no futuro **264**

Qualifique-se e aperfeiçoe-se constantemente **266**

Dê o máximo do seu potencial **268**

Educação ou morte!!! **270**

Multiplique seus conhecimentos e seja mais valorizado **272**

Esteja disposto a mudar **274**

Teste sua criatividade ilimitada **276**

Pense diferente **278**

Estimule seu cérebro **280**

Prepare-se para constantes transformações **282**

É preciso inovar para ser competitivo **284**

Transforme-se para viver um novo mundo **286**

Tenha a inovação no seu DNA **288**

Desperte a motivação que há em você **290**

Evolua sempre... Pense para frente **292**

Desista de desistir **294**

Lute, lute sempre, não desista jamais **296**

Tenha foco nas soluções, não nos problemas **298**

Não faça publicidade de coisas ruins **300**

Aprenda com seus próprios erros **302**

Limpe sua mente para receber novos pensamentos **304**

Poupe energia, tenha foco na solução **306**

Fortaleça sua mente com coisas boas **309**

Eu mereço e agradeço **311**

Seu tic-tac é precioso **314**

Aproveite 100% do seu tempo **316**

Comprometa-se com o que realmente vale a pena **318**

Programe-se para ser um vencedor **320**

Deseje com toda força do seu coração e conquiste **322**

Supere-se para ser um vencedor **324**

Busque também se divertir, isto fará você produzir ainda mais **326**

Estender as mãos para alguém é emprestar a Deus... e Deus não fica devendo nada a ninguém **328**

Quem se humilha será exaltado, e quem se exalta será humilhado **330**

Você é a força que precisa para ser um vencedor **332**

Para atrair coisas boas, pense em coisas boas **334**

O amor é o principal mandamento, é a base de tudo **336**

O que não me mata me fortalece **338**

Problemas todos temos... o que vai te qualificar é como lidar com eles **341**

Vai, e se der medo, vai com medo mesmo **343**

BIBLIOGRAFIA **345**
LIVROS PUBLICADOS PELO AUTOR **346**
PUBLICAÇÕES EM COORDENAÇÃO **348**
CURRÍCULO **350**

APRESENTAÇÃO

A motivação e a falta dela são assuntos muito discutidos. Qualquer um de nós já sofreu de ansiedade ou irritação. Qualquer um de nós já se sentiu desmotivado em uma das esferas da vida por causa de alguma situação. A motivação é importantíssima tanto para alcançar objetivos quanto para garantir nossa satisfação pessoal e profissional.

Mas, o que é motivação?

De forma simples e direta, motivação é o movimento para a ação. Para nos sentirmos motivados é preciso que estejam atuando em sintonia os fenômenos emocionais, biológicos e sociais. Motivação está conectada à intensidade, direção e persistência do esforço realizado por cada um de nós para alcançar determinado objetivo. Motivar-se é dar o melhor de si, fazendo o possível para conquistar o que almejamos.

Motivação está diretamente ligada à resiliência. Se não estamos motivados, é muito provável que desistamos ao encontrar desafios, obstáculos e adversidades. E na busca de qualquer objetivo que seja, a única certeza é a de que precisaremos enfrentar muitas dificuldades. Sem a motivação é impossível atingir qualquer objetivo. Por mais que se queira determinada carreira, formação ou conquista pessoal, sem motivação não existe ação.

Axiomas da prosperidade é um livro de princípios para aqueles que, em algum momento da vida, se sentem sem norte e precisam de um incentivo para seguir em frente. Um livro que vai ajudar você, leitor, a alcançar o sucesso nas esferas pessoal, profissional e espiritual. *Axiomas da prosperidade* traz uma coletânea de provérbios motivacionais para aqueles que desejam se inspirar, todos os dias, a fazer o seu melhor. É uma bússola para nortear diariamente a vida das pessoas. São 324 brocardos, com seus respectivos comentários, relacionados a diferentes áreas e pensados, exclusivamente, para inspirar, motivar e iluminar você em seus propósitos de vida.

Convido você a ler, todos os dias, um ou mais axiomas, na esperança de que possam guiá-lo na jornada diária da vida em busca da materialização dos seus sonhos e da conquista diuturna da felicidade plena.

Janguiê Diniz
Maio de 2019

PREFÁCIO

Conheci Janguiê em 2009, em meio às primeiras ondas de desenvolvimento empresarial, planos de expansão, Oferta Pública Inicial (IPOs) e consolidações no setor de educação superior no Brasil. Educadores, empreendedores, empresários e executivos misturavam-se, interagiam e aprendiam uns com os outros. O menino de origem humilde, nascido em Santana dos Garrotes, na Paraíba, que virou juiz, que virou educador, que virou empresário, com trabalho duro, paixão e disciplina, carisma e determinação, já emergia como um expoente e líder naquele meio.

Baseado em princípios e guiado por propósitos; misturando simplicidade e curiosidade com ousadia e sede de conquista, Janguiê avançou e sempre inspirou quem tem o privilégio de estar ao seu lado. Este seu traço me chamou a atenção desde o primeiro contato que tivemos, num almoço em Recife. Ao longo dos últimos dez anos, com todas as conquistas e multiplicação do tamanho e força de seus empreendimentos (tanto na educação quanto em outros campos) seu perfil e atitude sempre se fizeram marcantes, de forma consistente e genuína. E quando se é consistente e genuíno se vai longe.

O verdadeiro líder não se contenta apenas em formar seguidores; busca, sim, formar outros líderes. Em seus projetos empresariais e sociais, Janguiê exerce esta filosofia e entrega este resultado, exercendo, assim, sua liderança inclusiva e agregadora. Uma liderança que se cerca sempre de pessoas capazes e vigorosas como ele; conquista a lealdade das pessoas, não a demanda. Cria um círculo poderoso de aprendizado e de desenvolvimento coletivos. Mais recentemente, na sua atividade de escritor e *coaching*, pisa fundo no acelerador deste seu legado. Dividindo com os leitores seus aprendizados, suas realizações e reflexões, ele inspira, abre os olhos e as mentes de adolescentes, jovens e adultos, estudantes, executivos, empreendedores de todas as vocações e campos, profissionais de qualquer área e, acima de tudo, seres humanos buscando crescimento, realização e felicidade. O poder do sonho maior que o sonho grande: o sonho impossível, que se faz possível e se torna realidade pela força do planejamento, definição de metas, trabalho duro, apaixonado e obstinado, com determinação, coragem, ousadia, domínio do medo e o equilíbrio entre a urgência e a paciência. O aprendizado contínuo, permanente. A curiosidade e o silêncio observador que acumulam conhecimento, força e segurança para atacar e vencer, para resolver os problemas mais complexos, para pular na frente da concorrência, para surpreender e agarrar as oportunidades. Com fé em Deus, ética, integridade e respeito acima de tudo.

A obra que ele divide conosco agora, *Axiomas da prosperidade*, é uma aula deliciosa de um menino humilde, apaixonado pela vida, pela família, pelo trabalho duro, que entende e persegue os desafios como caminho para engrandecimento do homem. Engrandecimento do menino de Santana dos Garrotes que virou um dos maiores educadores e empreendedores da educação no Brasil. E que agora, no auge de sua carreira e desenvolvimento profissional e pessoal, não está satisfeito, não se acomoda; isto nunca foi e nunca será do seu feitio. Ele busca mais, busca inspirar e saltar mais alto na potencialização do seu legado para a sociedade. Ensinando, inspirando, dividindo, mostrando caminhos, contando seus acertos e erros, seus aprendizados.

Janguiê nos ensina que prosperidade não é um fim em si, não é uma linha de chegada; é um estado de espírito permanente, é querer progredir sempre. Não é um destino final, e, sim, uma jornada infinita, como o sonho, que não envelhece, que não acaba; que não se cansa em nos mostrar novos caminhos; e que nos empurra mais para a frente. Desde sempre e para sempre.

Eduardo Alcalay

FOCO NA SOLUÇÃO

SOLUÇÃO

1 Todos têm problemas. Só não tem problemas quem já está no cemitério. Mas nossos problemas são infinitamente menores que os dos outros. E todos eles têm solução.

> **SINOPSE –** O ideal é focar nas soluções dos nossos problemas, sempre. Isto poupa tempo, desgaste e estresse. Como resultado, você consegue direcionar suas ideias apenas para o que interessa.

SOLUÇÃO II

2 Ao comparar seus problemas com os dos outros, se você achar que os seus são maiores ou mais difíceis que os deles, foque sempre nas soluções, jamais nos problemas. Às vezes, o problema pode ser grande, mas a solução pode ser muito simples.

> **SINOPSE –** Esta é uma tática infalível para quem deseja resolver as adversidades. Quando focamos nas soluções, nossas energias ficam voltadas apenas para isso, mas quando pensamos só nos problemas, dificilmente conseguiremos pensar nas soluções. Parece lógico, mas, na prática, poucas pessoas fazem, e por isso não conseguem se libertar do problema.

NÃO SE FAÇA NÃO SE FAÇA
DE COITADO DE COITADO
NÃO SE FAÇA NÃO SE FAÇA
DE COITADO DE COITADO
NÃO SE FAÇA NÃO SE FAÇA
DE COITADO DE COITADO

NÃO SE FAÇA
DE COITADO

NÃO SE FAÇA NÃO SE FAÇA
DE COITADO DE COITADO
NÃO SE FAÇA NÃO SE FAÇA
DE COITADO DE COITADO
NÃO SE FAÇA NÃO SE FAÇA
DE COITADO DE COITADO

3 PRISÃO

Fuja da doença ou patologia da vitimização, do miseralismo, do sem sortismo ou do coitadismo. Quem se faz de coitado, vítima, sem sorte ou miserável, paralisa-se, pois "constrói sua própria prisão", entra nela e se torna um prisioneiro sem perspectiva de *habeas corpus*.

SINOPSE – Muitas pessoas vivem em função desta patologia e não entendem por que as coisas não dão certo. Esta mensagem consegue resumir bem o que realmente acontece.

4 RECONHECIMENTO

Nunca use crenças limitantes sob o pretexto de que não tem sorte. Reconheça a maravilha que é viver com saúde e ter a capacidade de fazer tudo na vida, inclusive conquistar o mundo. Alexandre, o Grande conquistou o mundo aos 33 anos, e na época não havia antibiótico nem internet.

SINOPSE – Agradecer é melhor que reclamar. Olhe ao seu redor e perceba as coisas boas que o cercam. Ser grato é uma dádiva.

AGRADEÇA SEMPRE
PELO QUE TEM

AÇÃO

5 Saia do óbvio, da inércia, da paralisia, da letargia, da inação e da sua zona de conforto. É que a ação sempre vence a inação. E ação é sinônimo de sucesso. Já a inação, de fracasso.

SINOPSE – Você precisa ter sempre empolgação, foco, ideias e muito comprometimento. Idealize suas metas e comece a agir agora.

AÇÃO II

6 Aprenda com as lições das águias. Elas ensinam os filhotes a voar, ainda pequenos, empurrando-os do ninho. É que, para crescer, evoluir e progredir, precisamos sair da inércia, da letargia e da nossa zona de conforto, e começar a agir.

SINOPSE – Precisamos entender que nada cai do céu. Se temos um objetivo, é preciso desenvolver métodos que nos tirem da nossa zona de conforto e nos façam agir. Não é fácil, mas é necessário.

O PODER DA AÇÃO

DESCONFORTO

7 Toda vez que você estiver em estado de conforto não estará crescendo nem progredindo, mas, apenas, hibernando. Logo, aprenda a viver na zona do "desconforto", pois grandes conquistadores sempre viveram desconfortáveis, para, ao final, adquirirem o conforto.

> **SINOPSE –** A zona de conforto funciona como uma areia movediça. Quando você menos espera, ela o puxa para baixo e o afunda.

DESCONFORTO II

8 A equação "zona de conforto (zc) ≠ zona de sucesso (zs)" ensina que "quanto mais confortável você quiser viver, menos riscos se disporá a correr, menos trabalho executará, menos oportunidades encontrará" (T. Harv Eker), e, em consequência, menos sucesso obterá na vida.

> **SINOPSE –** Fique incomodado com a calmaria, com a tranquilidade. Para evoluir, é preciso se desafiar, superar-se, ir além do óbvio.

ESTEJA SEMPRE ATENTO ÀS OPORTUNIDADES

DESCONFORTO III

9 A despeito de ninguém nunca ter morrido em razão de desconforto, "viver perenemente na zona de conforto aniquila mais ideias e oportunidades do que qualquer outra coisa no planeta" (AD). O conforto é inimigo mortal do sucesso.

> **SINOPSE –** A ideia de conquistar algo, parte do princípio da inquietação. É preciso sair da zona de conforto e agir.

SUCESSO

10 Apenas você é detentor da senha para o seu sucesso. E para chegar a ele o caminho é espinhoso e cheio de pedras. Você precisa verdadeiramente decidir se quer, se realmente quer, e lutar diuturnamente de forma árdua e extenuante para chegar lá.

> **SINOPSE –** Ninguém vai buscar o que você quer no seu lugar. Para realizar seus sonhos, apenas você terá que agir e conquistar o que tanto deseja.

CONQUISTAR O QUE
QUER SÓ DEPENDE
DE VOCÊ

MODELAGEM

11 Se você quiser chegar à prosperidade, modele-se àqueles que já a adquiriram. Se alguém só anda com viciados, dificilmente deixará de ser um. Mas se só anda com grandes conquistadores, com certeza será um deles. Isto se chama moldagem, ou modelagem.

> **SINOPSE –** A modelagem nos leva para o caminho daqueles que acompanhamos. E isto pode ser bom ou ruim, depende da pessoa na qual você se inspirará.

MODELAGEM II

12 Um dos caminhos para o sucesso é modelar-se e imitar os paradigmas daqueles que já chegaram lá, com compromisso, determinação, foco, constância, muita disciplina e trabalho árduo, extenuante e sem cessar, até chegar ao ápice.

> **SINOPSE –** O caminho para o sucesso não é fácil, mas é possível, sim, de ser trilhado, porém, com muito esforço e dedicação.

INSPIRE-SE NOS GRANDES VENCEDORES

INSPIRAÇÃO

13 Por mais que existam diversos caminhos na vida, todos acumulam rastros, inclusive o da prosperidade, pois alguém já caminhou naquela trilha. Logo, se quiser chegar lá, ande seguindo as pegadas dos vitoriosos.

SINOPSE – Inspire-se naqueles que já conhecem o caminho melhor do que você, só assim as chances de errar serão consideravelmente reduzidas.

EXEMPLO

14 As pessoas prósperas e de mentalidade vencedora admiram, abençoam e imitam outras de sucesso e vencedoras, pois as veem como exemplo. As imprósperas e de mentalidade perdedora as rejeitam, desprezam e abominam; por isso, nunca conseguem ser prósperas nem vencedoras. Como ser algo que abominam?

SINOPSE – É fácil perceber esses perfis no cotidiano, principalmente nos comentários que são feitos sobre a vida das pessoas. Analise o que você pensa sobre os outros e perceba a qual grupo você faz parte. Não queira fazer parte dos imprósperos.

SIGA O RASTRO DOS SIGA O RASTRO DOS
VENCEDORES VENCEDORES
SIGA O RASTRO DOS SIGA O RASTRO DOS
VENCEDORES VENCEDORES
SIGA O RASTRO DOS SIGA O RASTRO DOS
VENCEDORES VENCEDORES
SIGA O RASTRO DOS SIGA O RASTRO DOS
VENCEDORES VENCEDORES

SIGA O RASTRO DOS
VENCEDORES

SIGA O RASTRO DOS SIGA O RASTRO DOS
VENCEDORES VENCEDORES
SIGA O RASTRO DOS SIGA O RASTRO DOS
VENCEDORES VENCEDORES
SIGA O RASTRO DOS SIGA O RASTRO DOS
VENCEDORES VENCEDORES
SIGA O RASTRO DOS SIGA O RASTRO DOS
VENCEDORES VENCEDORES

PREPARAÇÃO

15 As pessoas ousadas, corajosas, determinadas, persistentes, compromissadas, disciplinadas, trabalhadoras e de mentalidade para o progresso estão sempre no auge da prosperidade, pois diuturnamente se preparam para épocas difíceis, mesmo quando as coisas estão fáceis.

SINOPSE – Celebre todas as conquistas, mesmo aquelas que julga pequenas; mas sempre esteja preparado para os momentos difíceis.

COMPROMETIMENTO

16 Seja extremamente disciplinado, dedicado e compromissado com o próprio sucesso, pois o sucesso não "aguenta desaforo". Sem compromisso e dedicação não há disciplina. E sem disciplina o sucesso é uma incógnita.

SINOPSE – A lei da colheita existe; portanto, você só receberá o que é seu por direito. Seu sucesso virá na mesma proporção da sua dedicação.

DISCIPLINA É A CHAVE PARA O SUCESSO DISCIPLINA É A CHAVE PARA O SUCESSO
DISCIPLINA É A CHAVE PARA O SUCESSO DISCIPLINA É A CHAVE PARA O SUCESSO

DISCIPLINA É A CHAVE PARA O SUCESSO

DISCIPLINA É A CHAVE PARA O SUCESSO DISCIPLINA É A CHAVE PARA O SUCESSO
DISCIPLINA É A CHAVE PARA O SUCESSO DISCIPLINA É A CHAVE PARA O SUCESSO

COMPROMETIMENTO II

17 Quando uma pessoa tem compromisso e se dedica com afinco para a realização do seu grande e impossível sonho, estipulando metas e cumprindo-as, com métodos, determinação e muita disciplina, o sucesso é apenas uma consequência premente.

>**SINOPSE –** Reflita: não é só desejar, mas também idealizar, colocar em prática, correr atrás.

COMPROMETIMENTO III

18 Na jornada em busca da prosperidade, a determinação, o compromisso, a dedicação, a disciplina e o trabalho duro e constante têm muito mais valor que apenas o talento, a habilidade e a competência.

>**SINOPSE –** Não adianta ser talentoso e não se dedicar com afinco. Não adianta ter habilidades e não ter compromisso com as obrigações. Não adianta ser competente, mas indisciplinado.

TENHA A MENTE VENCEDORA

SATISFAÇÃO

19 Apesar de sucesso não ser sinônimo de felicidade, as pessoas de mentalidade vencedora e próspera podem ter as duas coisas: sucesso e felicidade. Não abra mão de nenhuma.

SINOPSE – Por isso, reflita sobre as escolhas que está fazendo. Sem dúvida, elas contribuirão para um futuro com prosperidade e felicidade em abundância.

SUPERAÇÃO

20 O sucesso e a prosperidade estão inexoravelmente vinculados ao desconforto e à dor. Lembre-se de que o músculo do corpo humano "só cresce com desconforto e dor", processo análogo ao da prosperidade. Já diziam os ingleses: *"no pain no gain"*. É que para ser "vencedor" o sujeito tem que vencer a dor, pois vencedores "vencem dores".

SINOPSE – Os vencedores são lapidados conforme passam por atribulações. As dificuldades costumam ensinar bastante, e, como consequência, deixam as pessoas mais sábias, fortes e poderosas.

TRABALHO ÁRDUO E PERSISTÊNCIA FARÃO DE VOCÊ UM VENCEDOR

AÇÃO III

21 Já foi dito por sábios que a vitória e a conquista consistem em "90% de transpiração e apenas 10% de inspiração". É que segundo Cortella, "a vaca não dá leite. O indivíduo tem que acordar de madrugada, ir para o curral enlameado e dela tirar o leite".

SINOPSE – O progresso, as vitórias e as conquistas dependem de uma série de elementos que possam gerar resultados, e esses resultados só são alcançados por meio de ações. Dessa forma, agir é preciso.

GUERREIRO

22 Para ser vitorioso e ter prosperidade, o indivíduo tem que ser um "guerreiro" e se nortear pelos chamados "princípios dos guerreiros". Um desses princípios vaticina: "Se você só estiver disposto a realizar o que é fácil, sua vida será difícil. Mas, se concordar em fazer o que é difícil, sua vida será fácil e de prosperidade" (T. Harv Eker).

SINOPSE – A acomodação é uma maldição. Com o tempo, ela o paralisa e o trava diante das dificuldades. Mantenha-se em movimento, não pare jamais, realizando coisas difíceis para ter uma vida fácil.

O QUE VEM FÁCIL O QUE VEM FÁCIL
VAI FÁCIL VAI FÁCIL
O QUE VEM FÁCIL O QUE VEM FÁCIL
VAI FÁCIL VAI FÁCIL
O QUE VEM FÁCIL O QUE VEM FÁCIL
VAI FÁCIL VAI FÁCIL

O QUE VEM FÁCIL
VAI FÁCIL

O QUE VEM FÁCIL O QUE VEM FÁCIL
VAI FÁCIL VAI FÁCIL
O QUE VEM FÁCIL O QUE VEM FÁCIL
VAI FÁCIL VAI FÁCIL
O QUE VEM FÁCIL O QUE VEM FÁCIL
VAI FÁCIL VAI FÁCIL

TRILHA

23

O caminho do triunfo e da prosperidade não é "um passeio no bosque". Muito mais que isso, consiste numa viagem a pé, em dia de temporal, em estrada montanhosa, cheia de pedregulhos e ervas daninhas. Você está preparado e tem suficiente coragem para trilhar este caminho?

> **SINOPSE –** Muita gente acha que a trilha do triunfo é uma estrada pavimentada de ladeira abaixo. Ao contrário; na verdade, é uma estrada espinhosa e de ladeira acima.

FELICIDADE

24

Apesar de viver não ser uma tarefa fácil, a vida pode ser cheia de possibilidades, encantos e muito prazer se a pessoa for apaixonada por ela, sonhar sonhos grandes e impossíveis, lutar diuturnamente para realizá-los e fizer a coisa certa.

> **SINOPSE –** As maravilhas e os encantos da vida só podem ser vistos por aqueles que correm em direção aos seus sonhos e vivem superando obstáculos e adversidades.

TENHA VONTADE E FORÇA, QUEIRA VENCER

DEDICAÇÃO

25 Para vencer, o sujeito não precisa ser o melhor nem o mais talentoso do grupo. Mas precisa ser aquele que mais quer vencer, o que mais se esforça e faz muito mais que o necessário. Na maioria das vezes, o sujeito, mesmo sendo o mais talentoso, é totalmente indisciplinado, desfocado e descompromissado com o alvo, e acaba sendo superado por aquele que se compromete e exerce um esforço descomunal para a conquista.

SINOPSE – "Se não puder vencer pelo talento, vença pelo esforço." Para mim, esta máxima mostra que o sucesso é acessível a todos, basta se dedicar com compromisso e disciplina.

SACRIFÍCIOS

26 A conquista, o progresso e o triunfo estão umbilicalmente ligados ao sofrimento, padecimento e tormento, embora provisórios. É que sacrifícios transitórios são salvo-condutos para vitórias gigantescas.

SINOPSE – São esses sacrifícios que o moldam para ajudá-lo a alcançar o topo. Você só consegue enfrentar e superar certas adversidades e problemas porque as dificuldades e os fracassos cometidos foram grandes professores que lhe ensinaram as soluções.

ESCOLHA TER
SUCESSO

DEDICAÇÃO II

27 Diferentemente daqueles que dizem que o sucesso e a prosperidade são esportes para poucas pessoas, apenas para as divinamente escolhidas, advogo a tese de que esses esportes são para todas aquelas que os escolhem, não apenas para as escolhidas, desde que com determinação e disciplina se comprometam com um "esforço obstinado" para adquirir todas as características dos paradigmas de sucesso.

SINOPSE – Então, escolha ter sucesso. Não espere a hora certa, a circunstância certa, o momento certo. Vá atrás daquilo que você almeja, pois a decisão é sua.

ESFORÇO

28 Na luta pelo progresso e pela prosperidade, vença a si mesmo em primeiro lugar, para jamais desistir no meio do caminho. Depois, supere os maus agouros dos pessimistas. E, por fim, subjugue seus oponentes e competidores, querendo muito mais que eles, esforçando-se muito mais que eles e fazendo muito mais que o necessário para a vitória. O resultado será pura consequência.

SINOPSE – Vencer as dificuldades e os obstáculos do dia a dia não é uma tarefa fácil. Mas, os verdadeiros guerreiros, não desistem nunca, não se abatem jamais e fazem mais que seus oponentes, superando-se o tempo todo.

VERDADEIROS GUERREIROS
NÃO DESISTEM
NUNCA

DEDICAÇÃO III

29 | Na batalha pelo progresso e pela prosperidade, a pessoa não precisa ser a mais bonita, a mais charmosa, a mais talentosa ou a mais inteligente do grupo. Mas carece de estar extremamente insatisfeita e inconformada com seu *status quo*, ser a que mais quer, a que mais se esforça, e se dedicar integralmente, de corpo e alma, à sua conquista.

SINOPSE - Lute sempre para ser o melhor, pois mesmo não conseguindo sê-lo, pelo menos chegará perto.

INSATISFAÇÃO

30 | Nunca acredite que já fez o necessário, ou que já está bom o suficiente a ponto de entrar em estado de inércia ou letargia. Pois, quando isso acontecer, iniciar-se-á o processo da sua derrocada. É que a inércia leva à inação, que, por sua vez, é o caminho para o fracasso e o óbito.

SINOPSE - A lição é esta: não pare nunca. Jamais acredite que já fez o suficiente. Assim como o tempo, nós também não podemos parar nunca.

O SUFICIENTE O SUFICIENTE
NUNCA É SUFICIENTE... NUNCA É SUFICIENTE...
NÃO PARE NÃO PARE
O SUFICIENTE O SUFICIENTE
NUNCA É SUFICIENTE... NUNCA É SUFICIENTE...
NÃO PARE NÃO PARE

O SUFICIENTE
NUNCA É SUFICIENTE...
NÃO PARE

O SUFICIENTE O SUFICIENTE
NUNCA É SUFICIENTE... NUNCA É SUFICIENTE...
NÃO PARE NÃO PARE
O SUFICIENTE O SUFICIENTE
NUNCA É SUFICIENTE... NUNCA É SUFICIENTE...
NÃO PARE NÃO PARE

COMPROMETIMENTO IV

31 Lembre-se de que o progresso e a prosperidade só ocorrerão quando você, de forma disciplinada, se comprometer e efetivamente trabalhar 100% em prol deles. Analogamente, "eles são iguais à lealdade, que só é aceita se for cumprida integralmente" (Caio Carneiro). Inexiste lealdade parcial. Com o progresso e a prosperidade acontece o mesmo.

SINOPSE – O nível de dedicação que é imposto em cada projeto é o que difere o grau de realização. Não adianta apenas desejar, é preciso dar o máximo de si sua integralidade.

DESMOTIVAÇÃO

32 O insucesso e a improsperidade são causados, na maioria das vezes, pela carência de grandes sonhos, imediatismo, crença na incapacidade e no demérito, no vitimismo, pessimismo, escassez de preparação, falta de compromisso e disciplina; carência de esforço, descontrole emocional, medo do fracasso, carência de motivação, falta de foco e, acima de tudo, carência de iluminação divina. Portanto, policie-se.

SINOPSE – Com efeito, sonhe sonhos grandes e impossíveis, não seja imediatista, acredite em você e nunca se faça de vítima; seja otimista, prepare-se em abundância, seja compromissado e disciplinado com seus propósitos, procure se controlar e fortaleça-se espiritualmente.

SEJA FORTE E
CORAJOSO

SORTE

33 Na minha ótica, sorte não existe. Ela consiste na conjugação de conhecimento, habilidade, competência, determinação, muito trabalho, não desperdiçar oportunidades, nortear-se pelos valores supremos e transcendentais para uma vida humana digna, quais sejam: ética, probidade e integridade, e ter iluminação divina.

SINOPSE – Este pensamento serve para refletirmos que nada cai do céu. A sorte, na realidade, é um conjunto de habilidades e competências que precisam ser adquiridas ou desenvolvidas. Portanto, adquira-as na busca e alcance da prosperidade.

CONHECIMENTO

34 Vivemos na sociedade do conhecimento e do estudo continuado, onde o conhecimento é muito mais importante que os recursos materiais como fator de desenvolvimento humano, considerado instrumento de poder. Nesta sociedade, os indivíduos só conseguirão crescer, progredir, ter sucesso e prosperidade por meio da qualificação constante e perene. Portanto, prepare-se para enfrentar os desafios do mundo digital e disruptivo.

SINOPSE – Invista no conhecimento, sempre. Muitas situações exigirão isso de você; então, é melhor antecipar-se e tornar o aprendizado um item fundamental na sua rotina.

BUSQUE PELO CONHECIMENTO CONTINUADAMENTE

CONHECIMENTO II

35 Já dizia Kant: "o ser humano é aquilo que a educação faz dele". Portanto, lembre-se sempre de que a "sua mente é como um banco. Você só saca o que nela deposita" (Bento Herculano). Nesta sociedade conectada em que vivemos, conhecimento é sinônimo de poder, o bem mais barato do universo. Logo, procure sempre adquirir conhecimento, a substância do poder.

SINOPSE - Quais "valores" você tem depositado na sua mente? Coisas boas, construtivas, que o enriquecem como pessoa? É sempre importante buscar o bom conhecimento, que nos empurra para cima e nos faz avançar.

SABEDORIA

36 A informação e o conhecimento, adquiridos por meio do estudo e da educação, são o nosso "passaporte" para o futuro, pois abrem nossas cabeças e nos mostram caminhos jamais conhecidos. Portanto, estude sempre e escute mais do que fale. Eis a razão de termos dois ouvidos e apenas uma boca.

SINOPSE - Sabedoria de vida: filtrar tudo e falar apenas o que for necessário. Nosso lado reflexivo desenvolve-se a partir do nosso controle de impulsos e do filtro das informações.

O APRENDIZADO
TE CAPACITA

CONHECIMENTO III

37 Lembre-se de duas máximas universais sobre o conhecimento: 1) ninguém nasce burro ou inteligente. O cérebro é maleável e tem um potencial de 100 bilhões de neurônios; ou seja, todo mundo é capaz de aprender se tiver os estímulos certos; 2) para aprender é preciso querer aprender. Isto é, acreditar na própria capacidade e ter determinação.

SINOPSE – Você nunca saberá demais a ponto de não precisar aprender mais. E, sim, você é capaz de grandes coisas se buscar o conhecimento, pois este traz o preparo para enfrentar os grandes desafios.

CONHECIMENTO IV

38 Muita gente acredita que o conhecimento é algo natural e intrínseco aos grandes empreendedores. Ledo engano. Mesmo os maiores empreendedores, inclusive os natos, precisam estar sempre angariando conhecimento sobre o negócio, sobre o mercado, sobre os clientes e principalmente sobre os concorrentes; do contrário, estarão fadados ao insucesso e à improsperidade.

SINOPSE – Se você deseja empreender, nunca pense que já sabe o bastante. Procure sempre ter mais conhecimento. Só assim você poderá crescer cada vez mais.

O CONHECIMENTO PRECISA SER DE DENTRO E DE FORA

CONHECIMENTO V

39 Nunca se esqueça da lição de Sun Tzu, autor do livro *A arte da guerra*, sobre a importância do conhecimento: "Se você conhece o inimigo e a si mesmo, não precisa temer o resultado de cem batalhas. Se você se conhece, mas não conhece o inimigo, para cada vitória sofrerá uma derrota. Se você não conhece o inimigo nem a si mesmo, perderá todas as batalhas". Portanto, conheça a si mesmo, o cliente, o mercado e o concorrente, só assim será próspero.

SINOPSE - Fazer uma autoanálise é tão essencial quanto estudar o mundo que nos cerca. Conhecendo suas fraquezas e suas qualidades você poderá resolver de maneira eficiente os desafios externos. Perceba: um navio só afunda quando a água começa a invadir seu interior. O mesmo acontece com a gente.

APRENDIZADO

40 Na sociedade digital e disruptiva em que vivemos, se quisermos conquistar sucesso e mantê-lo, mister se faz nos atualizarmos sempre, em virtude do chamado "conceito do aprendizado contínuo". É que esta sociedade vive em constante mudança, fazendo com que o conhecimento não apenas avance, mas se transforme constantemente. Assim, o aprendizado adquirido fica obsoleto rapidamente. Logo, o aprendizado contínuo é imperativo.

SINOPSE - Entenda que o aprendizado constante não é apenas uma opção, é uma necessidade. Manter-se atualizado é fundamental.

ATUALIZE-SE CONSTANTEMENTE
POR MEIO DO
CONHECIMENTO

AUTOCONHECIMENTO

41

Um grande sinal de inteligência é "procurar conhecer a si mesmo", eis que a maior sabedoria que existe é conhecer a si próprio, muito mais do que conhecer os outros. Conheça a si próprio incialmente, para só depois conhecer os outros, assim será um triunfador.

SINOPSE – Um dos mais importantes passos para o sucesso é o autoconhecimento. Você deve conhecer suas capacidades, competências e, principalmente, suas falhas para poder melhorá-las, e, assim, desenvolver-se mais e mais.

AVANÇO

42

Procure sempre estar ao lado das pessoas que podem lhe agregar valor e aumentar seus conhecimentos. Se você é a pessoa mais inteligente e a que tem mais conhecimento na coletividade, talvez esteja na hora de mudar de ambiente para poder crescer mais. É que naquele grupo você não tem mais nada a aprender e a progredir, e isto limitará seu crescimento e sua prosperidade.

SINOPSE – Já pensou que, muitas vezes, nos envolvemos com pessoas que nos limitam? Se você quiser crescer, aproxime-se daqueles que o estimulam a buscar sempre mais.

NÃO SEJA "LTDA", ABRA SUA MENTE PARA NOVOS DESAFIOS

ATUALIZAÇÃO

43

Na sociedade do estudo continuado em que vivemos, para chegarmos ao topo e nos mantermos lá, imperativo faz-se que nos atualizemos sempre, porquanto, consoante ensinamento de Martyn Davies, "os analfabetos do século XXI não serão mais os que não sabem ler e escrever, mas aqueles que não sabem desaprender e depois reaprender".

> **SINOPSE –** Este é o segredo: aprender sempre. O mundo se reinventa o tempo todo em diversos segmentos, e não podemos ficar ultrapassados.

CONTINUIDADE

44

O estudo constante e perene é a base de tudo, pois aquele que diz que sabe tudo é o maior ignorante do mundo. Basta lembrar a lição de Sócrates, um dos grandes filósofos da história, que outrora enfatizou: "eu só sei que nada sei".

> **SINOPSE –** Quanto mais aprendemos, mais coisas há para aprender. O mundo do conhecimento é infinito e nunca saberemos de tudo. É preciso humildade para entender isto.

O CONHECIMENTO É INFINITO, SEMPRE HAVERÁ ALGO **PARA APRENDER**

ATUALIZAÇÃO II

45 Segundo um provérbio universal, as três palavras mais perigosas para as pessoas são escritas com apenas sete letras: "eu já sei". "Uma planta que não cresce mais está morrendo". O mesmo ocorre com as pessoas quando não estão se atualizando. Logo, estude sempre.

> **SINOPSE –** O pensamento positivo e a vontade de aprender constantemente devem estar sempre com você. Desta forma, esforce-se ao máximo para estar sempre atualizado, pois ninguém sabe de tudo.

QUALIFICAÇÃO

46 Comprometa-se a aprender e a se qualificar o máximo que puder de forma constante e perene, pois é máxima universal que "a repetição é a mãe da aprendizagem".

> **SINOPSE –** A perfeição chega com a repetição. Crie hábitos, estude, refaça, e logo tudo estará impecável.

COLOQUE EM PRÁTICA O QUE APRENDEU, APRENDA **COM O QUE PRATICA**

EXECUÇÃO

47 Além de aprender, procure praticar, pois, tão importante quanto aprender é colocar em prática o que se aprende, já que, segundo Aristóteles: "Nós somos o que fazemos sempre. A excelência não é uma ação, ela é um hábito".

SINOPSE – A mensagem é direcionada para a força do hábito. Nós precisamos desenvolver a "disciplina" e o hábito em nosso dia a dia para chegar à excelência, pois só assim será possível realizar as ações que são importantes.

PRÁTICA

48 Estude e pratique o que estuda, pois "a prática sem teoria é como embarcar em um mar inexplorado. A teoria sem prática é não embarcar de jeito nenhum" (AD). Teoria sem prática é o mesmo que engordar a mente e se tornar um "obeso mental".

SINOPSE – Uma das melhores técnicas para o aprendizado é colocar em prática tudo aquilo que foi estudado. A teoria e a prática dependem uma da outra. Isto garante a eficácia do aprendizado.

O PREGUIÇOSO SÓ DESEJA, MAS NADA CONSEGUE **CONQUISTAR**

TRABALHO

49 O trabalho enaltece o homem, engrandece a alma e enriquece o bolso. Portanto, sempre faz bem ao ser humano. Trabalho só faz mal aos preguiçosos e de mentalidade pobre.

SINOPSE – Leve esta mensagem como um mantra na sua vida. O trabalho não é apenas necessário para o nosso desenvolvimento, mas, sobretudo, é enaltecedor e engrandecedor do ser humano.

TRABALHO II

50 Trabalhar duro por algo em que se acredita denomina-se "propósito", e jamais deixará o ser humano cansado, principalmente quando o trabalho é feito com alegria e prazer. O ócio, entretanto, pode levá-lo à exaustão.

SINOPSE – O prazer extraído por fazer aquilo que se gosta gera resultados grandiosos. E, independentemente do que fizer, faça aquilo que gosta e dê sempre o seu melhor.

TRABALHE NO QUE
TE FAZ FELIZ E
DÁ PRAZER

TRABALHO III

51 Procure trabalhar naquilo que gosta. Dificilmente alguém que não gosta do seu trabalho progredirá. É este gostar que leva a realização de um trabalho à excelência; assim sendo, nas palavras de Confúcio, "trabalhe naquilo que você gosta e não precisará trabalhar sequer um dia na sua vida".

SINOPSE – Devemos ter sempre em mente o ensinamento do filósofo chinês Confúcio. O trabalho tem que lhe render, acima de tudo, prazer. A retribuição é muito mais que o dinheiro.

CONQUISTA

52 A conquista do progresso exige a combinação de vários elementos: sonho, coragem, ousadia, conhecimento, dedicação integral, determinação, persistência, foco, especialização, atitude, ação, muito trabalho, não desperdiçar oportunidades, programação mental para o sucesso, jamais desistir e iluminação divina.

SINOPSE – Sei que muitos desejam progredir na vida, mas acredito que poucos saibam o que de fato existe por trás de uma grande conquista. O caminho não é fácil, mas defendo que esses ingredientes aqui citados são os elementos fundamentais para que este desejo seja concretizado.

#PLANEJ#ORG#ESFÇ#DEDICA
#DETERM#PERSIS#FOCO#TRABA=
#EXCELÊNCIASUCESSO

RESULTADO

53 O resultado do comprometimento com planejamento, organização, esforço, dedicação, determinação, persistência, foco e trabalho diurno, árduo e extenuante, só pode ser produtividade, excelência e sucesso.

SINOPSE – Eis a fórmula que muita gente questiona. A estrada não é fácil, mas é possível.

OTIMIZAÇÃO

54 Para maximizar a produtividade, programe na noite anterior tudo o que vai fazer no dia seguinte. Defina as tarefas e os objetivos que quer alcançar. Estabeleça prioridades e coloque as tarefas difíceis no topo da lista. Só assim otimizará seu tempo, bem extremamente precioso, e terás produtividade.

SINOPSE – A programação fará com que você otimize suas atividades e, por consequência, ganhe mais tempo. Sobra de tempo resulta em mais planejamento e mais ideias.

O TRABALHO DIGNIFICA O TRABALHO DIGNIFICA
O HOMEM O HOMEM
O TRABALHO DIGNIFICA O TRABALHO DIGNIFICA
O HOMEM O HOMEM
O TRABALHO DIGNIFICA O TRABALHO DIGNIFICA
O HOMEM O HOMEM
O TRABALHO DIGNIFICA O TRABALHO DIGNIFICA
O HOMEM O HOMEM

O TRABALHO DIGNIFICA
O HOMEM

O TRABALHO DIGNIFICA O TRABALHO DIGNIFICA
O HOMEM O HOMEM
O TRABALHO DIGNIFICA O TRABALHO DIGNIFICA
O HOMEM O HOMEM
O TRABALHO DIGNIFICA O TRABALHO DIGNIFICA
O HOMEM O HOMEM
O TRABALHO DIGNIFICA O TRABALHO DIGNIFICA
O HOMEM O HOMEM

TRABALHO IV

55 Eu não me canso de enfatizar: trabalhe, trabalhe e trabalhe. De manhã até a noite e de madrugada se for preciso. "O trabalho não mata, pelo contrário, ocupa o tempo, evita o ócio e constrói prodígios" (AD). O trabalho digno é o combustível para qualquer ser humano efetivar grandes realizações.

SINOPSE – Uma pessoa que se dedica e trabalha arduamente sempre terá suas recompensas.

TRABALHO V

56 Trabalhe de forma árdua e extenuante diuturnamente. Muitos dirão que você está perdendo seu tempo e sua vida. Mas o tempo, que é o senhor da razão, "bendirá o fruto do seu trabalho, que o levará a conhecer pessoas e mundos que os descansados jamais conhecerão" (AD). Este universo se chama progresso.

SINOPSE – Pense sempre nas coisas boas que seu trabalho lhe proporcionará. Dê seu máximo e tenha certeza de que os frutos da sua dedicação virão.

PLANEJE SUAS AÇÕES, DÊ DESCANSO AO SEU CÉREBRO

57 OTIMIZAÇÃO II

Para maximizar seu crescimento, identifique o período mais produtivo do dia para você, aquele em que está mais disposto e produz mais. Programe sempre as tarefas mais complexas para esse horário, fazendo uma coisa de cada vez. Não queira fazer tudo ao mesmo tempo. O mundo não foi feito em apenas um dia.

SINOPSE – Isto se chama proatividade. Você otimiza o tempo e consegue administrar melhor as tarefas restantes.

58 PRODUTIVIDADE

Acabe com o hábito de ler constantemente as mensagens das redes sociais, pois, segundo especialistas, o cérebro humano precisa de um intervalo de tempo de pelo menos 15 minutos de concentração para entrar no estado de disposição. Estabeleça horários para esta leitura; então, sua produtividade aumentará consideravelmente.

SINOPSE – Todos nós temos o mesmo número de horas, o que difere é a maneira como cada um as usa. Use-as da melhor maneira possível.

TRABALHE PELO PRAZER
DE REALIZAR

CONSEQUÊNCIA

59 | Segundo Abraham Lincoln, "aquele que trabalha somente pelo salário que recebe não merece ser pago pelo que faz". É preciso trabalhar por prazer, para construir coisas e projetos e transformar sonhos e propósitos em realidade.

SINOPSE – A execução do nosso trabalho precisa ser pautada pela dedicação, esforço e a vontade de aprender. Só assim o desprazer será evitado e as oportunidades aparecerão.

CONSEQUÊNCIA II

60 | O salário tem que ser apenas o meio, nunca o fim na vida de uma pessoa que trabalha de forma assalariada. Quando for o fim, e não o meio, a pessoa não será feliz, não prosperará e será uma assalariada de forma perene.

SINOPSE – Isto porque sua mente estará fixada apenas no valor que está preestabelecido para receber. Quando você focar no seu desenvolvimento e nas suas habilidades, não terá mais que se preocupar com o salário, pois ele é apenas uma consequência.

AVALIE SUAS AÇÕES

ESFORÇO II

61 A conquista do progresso e da prosperidade depende de muito trabalho, pois "o único lugar onde o sucesso vem antes do trabalho é no dicionário" (Albert Einstein). Logo, "estude enquanto eles dormem. Trabalhe, enquanto eles se divertem. Lute, enquanto eles descansam. Depois viva o que eles sempre sonharam" (Provérbio japonês).

> **SINOPSE -** Sempre haverá aqueles que querem desviá-lo do seu caminho. Não se deixe influenciar por essas pessoas que o atrasam. Foque no seu objetivo e trabalhe muito!

RESULTADO II

62 O progresso e a prosperidade não acontecem por acaso. Advêm de sonhos, coragem, ousadia, determinação, perseverança, obstinação, estudo contínuo, muito trabalho, paixão pelo que faz e iluminação divina.

> **SINOPSE -** O sucesso não cai do céu. É preciso se esforçar para conquistá-lo. Você já parou para pensar no que tem feito para alcançar o sucesso?

ELIMINE SEUS PROBLEMAS, ENFRENTANDO-OS

SACRIFÍCIO II

63 Todos querem ter sucesso e prosperidade. Poucos são os que estão dispostos aos sacrifícios para conquistá-los. "Se você não matar um leão por dia, amanhã serão dois; e depois de amanhã, três" (AD).

> **SINOPSE –** Assim como os desafios, todos os dias também nascem novas oportunidades. O que você precisa fazer é se levantar, encher-se de coragem e "cair pra cima". Quando o dia começar, pergunte-se: Estou pronto para matar os leões?

TRABALHO VI

64 Todo trabalho digno é uma dádiva divina. Trabalhe muito e diuturnamente até o "caro se tornar barato". "Pague o preço agora para pagar qualquer preço depois" (AD).

> **SINOPSE –** Quando os dias estiverem difíceis, lembre-se desta mensagem. Após muito sacrifício, no final tudo vai valer a pena.

NÃO IMPORTA A ALTURA DA MONTANHA, COMECE A SUBIR

PESSOA VENCEDORA

65 Ser uma pessoa vencedora é muito mais do que ter vontade de escalar uma montanha e chegar ao topo. "É conhecer a própria montanha e o tamanho do desafio" (AD).

SINOPSE – Tenha em mente que apenas desejar não é o suficiente. É preciso idealizar, agir e colocar em prática. Não fique apenas observando a montanha, crie métodos e formas para subi-la. Seja criativo, ousado e corajoso.

CONSEQUÊNCIA III

66 Seu sucesso só depende de você. Da sua ousadia, coragem, determinação, perspicácia, perseverança, compromisso, disciplina e confiança. Esteja certo de que "vão aplaudi-lo quando conquistá-lo, mas ninguém vai ajudá-lo a chegar lá" (AD).

SINOPSE – Tenha em mente que a jornada do sucesso, embora tenha participação de outras pessoas, é um caminho que deve ser trilhado apenas por você. Entretanto, somente você será merecedor dos méritos.

FIQUE ATENTO, QUANTO MENOS VOCÊ ESPERA, A OPORTUNIDADE
APARECE

TRABALHO VII

67 Trabalho em média 12 horas por dia, quase todos os dias da semana, e vivo muito bem com isso, pois os fardos que escolhi não pesam em minhas costas. Carga de trabalho é o combustível que alimenta os vencedores, e as pedras que surgem no caminho são suas maiores motivações.

SINOPSE – Quanto mais você fizer, melhores serão os resultados. Quando se trata de trabalho digno e honesto, quanto mais melhor.

OPORTUNIDADE

68 A prosperidade apenas acontece quando a "preparação adrede encontra uma oportunidade" (AD). Logo, prepare-se sempre aprioristicamente para não a desperdiçar, pois, conforme provérbio universal "o cavalo selado só passa uma vez". Ao passar, pule em cima dele.

SINOPSE – Para não perder as oportunidades que surgem na vida, esteja sempre preparado. A preparação passa pelo conhecimento, que por sua vez se adquire por meio da leitura, do estudo e da qualificação.

NÃO DEIXE PASSAR
UMA BOA
OPORTUNIDADE

69 ALERTA

Para alcançar o topo você não pode desperdiçar as oportunidades que surgirão em sua vida. Entretanto, elas sempre aparecem "disfarçadas" em nossa frente. Se você não estiver alerta e preparado, não vai percebê-la. Logo, prepare-se com antecedência para não a desperdiçar.

SINOPSE – Aproveite a dádiva que é ter o dia de hoje e prepare-se para as oportunidades que aparecerão. São elas que, se aproveitadas, levarão você à felicidade plena. Mas, cada dia sem que as oportunidades sejam aproveitadas será totalmente perdido.

70 PREPARAÇÃO

Prepare-se com antecedência para não desperdiçar as oportunidades que a vida oferece. "Às vezes, é agora ou nunca; às vezes, não há uma próxima vez; às vezes, não há segundas oportunidades" (AD). Pule em cima do cavalo quando ele passar e saia galopando em busca dos seus sonhos e utopias.

SINOPSE – Lembre-se: você precisa estar sempre preparado. É agora ou nunca. Talvez seja a chance de sua vida se transformar para sempre.

TENHA FÉ EM DEUS, TENHA FÉ EM DEUS,
TENHA FÉ NA VIDA TENHA FÉ NA VIDA
TENHA FÉ EM DEUS, TENHA FÉ EM DEUS,
TENHA FÉ NA VIDA TENHA FÉ NA VIDA
TENHA FÉ EM DEUS, TENHA FÉ EM DEUS,
TENHA FÉ NA VIDA TENHA FÉ NA VIDA
TENHA FÉ EM DEUS, TENHA FÉ EM DEUS,
TENHA FÉ NA VIDA TENHA FÉ NA VIDA

TENHA FÉ EM DEUS,
TENHA FÉ NA VIDA

TENHA FÉ EM DEUS, TENHA FÉ EM DEUS,
TENHA FÉ NA VIDA TENHA FÉ NA VIDA
TENHA FÉ EM DEUS, TENHA FÉ EM DEUS,
TENHA FÉ NA VIDA TENHA FÉ NA VIDA
TENHA FÉ EM DEUS, TENHA FÉ EM DEUS,
TENHA FÉ NA VIDA TENHA FÉ NA VIDA
TENHA FÉ EM DEUS, TENHA FÉ EM DEUS,
TENHA FÉ NA VIDA TENHA FÉ NA VIDA

71 VONTADE E CORAGEM

Não confunda falta de vontade e de coragem com falta de oportunidade. Para alcançar o triunfo e prosperar, você precisa ter vontade e coragem, e não desperdiçar as poucas oportunidades que surgirão. E se elas não aparecerem, seja criativo, crie-as.

> **SINOPSE –** Você tem o poder, tanto de agarrar as chances que a vida apresenta quanto o de transformar sua realidade, sendo criativo e fazendo que novas chances de prosperar surjam.

72 ILUMINAÇÃO DIVINA

A conquista da prosperidade depende de habilidades, competência e muito trabalho, mas, sobretudo, de iluminação divina. Não me refiro à religião, mas a "buscar nossa origem divina". Mister se faz criar uma relação de confiança com a sociedade e, principalmente, com Deus, ou seja, ter fé em Deus e pautar-se, sempre, pelos valores supremos e transcendentais para uma vida humana digna: caráter, honestidade, retidão, probidade, decência, ética e integridade.

> **SINOPSE –** Não espere colher frutos benevolentes sem a probidade que o supremo universal exige. A vida lhe devolverá na mesma proporção tudo o que você fizer no seu transcorrer.

CULTIVE OS BONS COSTUMES,
OS VALORES E OS
BONS HÁBITOS

ÉTICA

73 Ética é um elemento essencial, não apenas na busca do progresso e da conquista, mas, sobretudo, para que sejam constantes e perenes. A ética deve fazer parte do cotidiano de todos nós. Ela consiste em fazer o que é certo, em agir de acordo com as normas, a moral e os bons costumes, não apenas para "aparecer" ou "se mostrar" bom, mas porque é a forma correta de ser, de agir e de viver, mesmo quando ninguém estiver observando.

> **SINOPSE –** Não acredite que é possível chegar longe sem a observância das normas positivas, da moral e dos bons costumes. Ter pensamentos e atitudes honestas é o passaporte para uma vida próspera e duradoura.

ÉTICA II

74 A ética é o elemento essencial na vida de todas as pessoas, físicas ou jurídicas. Está inexoravelmente vinculada à honestidade e à transparência. Uma não existe sem a outra. Quando não se trabalha com ética e transparência, o ambiente interno torna-se péssimo, nocivo e nefasto para todos.

> **SINOPSE –** Ninguém constrói uma carreira sólida se não for baseada na ética, honestidade, transparência e integridade.

AS MINHAS BOAS ATITUDES E O MEU CARÁTER INDEPENDEM DOS OUTROS

PRINCÍPIOS

75 Lembre-se de que pessoas que usam a ética e a transparência como princípios básicos e norteadores das suas condutas em suas vidas, são percebidas pela sociedade como responsáveis e positivas, e tendem a se firmar no mercado com mais produtividade, sustentabilidade, perenidade e rentabilidade.

SINOPSE – Seja ético, não importam quais sejam as circunstâncias. Não permita que as situações alterem sua conduta moral.

ÉTICA III

76 A vida sem ética é como um poço vazio ou como um rio sem água. Como bem enfatiza Roberto Shinyashiki: "Seja ético: a vitória que vale a pena é a que aumenta sua dignidade e reafirma valores profundos".

SINOPSE – Uma vida sem ética faz que ela seja vazia e extremamente infeliz. Seus valores supremos, entre eles a ética, lhes permitirá conquistar coisas que darão sentido a sua vida.

NÃO SEJA UM POBRE
HOMEM RICO

77 VALORES

A vida pautada na ética e na integridade lhe dará brio e orgulho da sua trajetória. Sem elas lhe trará apenas vergonha e desonra. Não basta ganhar dinheiro e conquistar sucesso e prosperidade desprezando esses valores supremos e transcendentais para uma vida humana digna, sob pena de você "ser tão pobre que a única coisa que possuirá será dinheiroo" (AD).

SINOPSE – O dinheiro não é tudo nessa vida. Ele não é capaz de comprar uma mente tranquila e em paz. Cultive a ética em sua vida, e a regue sempre.

78 VALORES II

Ética, honestidade e integridade não querem dizer tolice nem ingenuidade, e tampouco bondade, benevolência, compaixão e piedade. O indivíduo tem que ser sempre honesto, reto, probo, decente, íntegro, ético e, sobretudo, benevolente, bondoso e piedoso, sem necessariamente ser tolo, ingênuo e inocente.

SINOPSE – Ter boa conduta depende muito do nível de reflexão sobre o que deve ser feito. Tome os pontos da mensagem como parâmetros para que tracem o rumo certo das suas condutas.

PLANTE, CULTIVE, NÃO PERCA.
GANHE NEM QUE SEJA
UM ZERO, ELE PODERÁ
SOMAR NO FINAL

ÉTICA IV

79 Indagado sobre o ser humano, certo sábio respondeu: "Se tiver ética atribua a nota 1. Se for inteligente, acrescente o zero e ele terá 10. Se for nobre, acrescente mais um zero e terá 100. E se também for vistoso e formoso, acrescente mais um zero e ele terá 1.000. Mas, se perder o 1, que corresponde à ética, então perderá tudo, pois restarão apenas zeros" (AD). Portanto, cultive perenemente a ética em sua vida.

> **SINOPSE –** Você pode conquistar tudo nessa vida, mas sem ética sempre correrá o risco de perder tudo e não conseguir recuperar jamais.

PRECEITOS TRANSCENDENTAIS

80 A mais "extraordinária dádiva" em conquistar, progredir, ter sucesso e prosperidade não é o simples fato de se alcançar o triunfo e a vitória, mas, sobretudo, poder alcançar tão importantes conquistas sempre com ética e integridade e, ao mesmo tempo, transmitir a todos que a árdua caminhada para este intento foi realizada, observando-se os preceitos transcendentais para uma vida humana tão digna, a ponto de ser considerada um paradigma merecedor de modelagem.

> **SINOPSE –** Os melhores presentes que podemos extrair desta vida vêm da nossa caminhada. E se ela tiver sido digna de exemplo, os presentes serão perenemente lembrados.

AGIR COM ÉTICA É O SEU TRANQUILIZANTE
PARA UMA BOA NOITE
DE SONO

ÉTICA V

81 É inservível qualquer conquista adquirida sem ética e integridade. O antiético pode até conquistar riqueza, mas será " tão pobre que só terá dinheiro". Não será feliz e nunca terá um sono tranquilo e profundo, salvo por via de tranquilizantes.

SINOPSE - Não existe nada melhor do que, ao anoitecer, poder colocar a cabeça no travesseiro e dormir o sono dos anjos, com toda tranquilidade do mundo. E isto é possível quando sua postura e conduta são pautadas pela ética e pela integridade. Cultive, preserve e mantenha isto na sua jornada pela vida.

PROSPERIDADE

82 A conquista da prosperidade constitui-se "uma questão de decisão". Quando uma pessoa decide verdadeiramente mudar de vida e proativamente age para mudá-la, por menores que sejam suas ações, já deu os primeiros passos para a mudança e a conquista da prosperidade e da felicidade plena.

SINOPSE - A transformação para uma vida melhor só acontece para quem deseja mudar, e para melhor. Então, deseje do fundo do seu coração e comece a agir em consonância com o seu sentimento.

SE QUISER VENCER
NÃO FIQUE PARADO

83 ATITUDE

Para sair de um estado de vida "medíocre" e passar para um nível de prosperidade, não basta apenas ter boas intenções, há que se ter atitudes reais e ações concretas. É que o "inferno" está cheio de gente com apenas boas intenções, e o "céu" de gente de boas ações.

SINOPSE - Não adianta ter vontade de progredir se você fica parado no mesmo lugar. Se quiser crescer, lute! Só assim você se desenvolverá.

84 TRANSFORMAÇÃO

A "decisão" em transformar sua vida é o primeiro grande passo para a conquista da prosperidade. Se você não está caminhando na estrada virtuosa, é imperativo que dê meia volta, mesmo sendo desconfortável e doloroso. A permanência naquela trilha levará você apenas a desventuras.

SINOPSE - Se você sabe que precisa mudar, pense que terá que se decidir verdadeiramente por isso e agir. Se o desejo de mudança não estiver internalizado em sua mente, dificilmente ele se realizará.

ESSA LONGA ESTRADA
DA VIDA

VITÓRIA

85 Para ser um vencedor você tem que "vencer as dores", já que a vitória e a prosperidade estão inexoravelmente vinculadas a dores, sacrifícios e desconforto. Sendo assim, vá em frente. Vá, enfrente a batalha diária pela conquista e pela prosperidade, e se tornará um vitorioso.

SINOPSE – O caminho da longa jornada da vida é cheio de percalços, pedregulhos, obstáculos, adversidades e muitos desafios. Mas todos nós podemos superá-los. O resultado dessa longa caminhada depende das nossas atitudes.

DECISÃO

86 Tome uma decisão radical em sua vida e grite bem alto: "Chega dessa vidinha mediana". Em seguida, dê a volta por cima, mude de atitudes, de posturas e efetue um verdadeiro "turnaround" em sua vida, uma verdadeira guinada de 180 graus. Se você verdadeiramente mudar, tomando atitudes e agindo para isto, a transformação da sua vida para melhor certamente ocorrerá em questão de dias.

SINOPSE – Comece o dia acreditando. Acredite que é possível... Acredite que suas metas podem ser alcançadas. Nunca duvide da sua capacidade e da realização dos seus sonhos. Mas, para isto, decida mudar e aja para que a mudança aconteça!

SEJA O MILAGRE
DA SUA VIDA

87 MUDANÇA

Os responsáveis pela mudança das nossas vidas somos somente nós. O momento para mudar nossas vidas é apenas o "agora". Milagres existem, mas temos que ser o milagre da nossa transformação, pois só existe o nós, o aqui e o agora como instrumentos de transformação das nossas vidas, sonhos e destinos.

SINOPSE – Nunca deposite nos outros as chances de mudança da sua vida. Você, mais do que ninguém, tem o poder de transformar seu futuro. Seja protagonista do seu destino, e não espere por ninguém!

88 CONVICÇÃO

A pessoa só será aquilo que acredita poder ser. Só será protagonista da sua história e "líder de seu destino" se tiver convicção de que será. Do contrário, será apenas espectadora das histórias alheias. Ninguém conquista algo que não se acha digno de conquistar e não luta para tal.

SINOPSE – Você precisa reprogramar sua mente para a conquista e a vitória, pois "seu corpo só faz aquilo que sua mente deseja".

COMECE A PRATICAR AQUILO QUE É INDISPENSÁVEL PARA O SEU CRESCIMENTO

CONQUISTA DA PROSPERIDADE

89 Para conquistar a prosperidade, a inteligência e o talento são importantes, mas não imprescindíveis. O sonho, o trabalho árduo e diuturno, a dedicação, a determinação, a persistência, a perseverança, a obstinação, o compromisso, a disciplina, o foco e, sobretudo, a ética, estes, sim, são indispensáveis.

SINOPSE – O caminho não é fácil, mas com muito esforço e iluminação divina é possível desenvolver essas habilidades e se transformar em uma pessoa realmente digna de grandes conquistas.

MUDANÇA II

90 Para mudar de vida o primeiro passo deve ser "decidir mudar" de forma radical. O segundo, começar imediata e proativamente a agir sem medo. O terceiro é fazer aquilo que gosta, no que é excepcionalmente bom e consegue fazer melhor que os outros. O quarto é nunca desistir.

SINOPSE – As pessoas, de um modo geral, estão sempre desejando realizar seus projetos de vida, mas boa parte não consegue colocar em prática aquilo que deseja. E o motivo disto é exatamente a falta de um planejamento, pelo qual é possível assinalar metas e monitorar sua execução. Meu conselho é: Mentalize, operacionalize, e, depois, realize. Ou seja, coloque em prática.

NÃO DEIXE PARA AMANHÃ O QUE VOCÊ PODE FAZER HOJE

TRANSFORMAÇÃO II

91 Comece imediatamente o processo de transformação da sua vida. Já diziam os sábios que "o feito é melhor que o perfeito", o "bom é inimigo do ótimo", e "tudo que hoje é fácil um dia foi difícil". Logo, nunca espere estar preparado para começar, já que a preparação exige um começo. É preciso começar e ir até o fim, sem jamais desistir.

SINOPSE – O poder de mudar só depende da sua vontade e da sua ação. Se deseja algo, vá atrás... reinvente-se... esforce-se... e faça acontecer. A frase "não deixe para amanhã o que pode fazer hoje" devia ser um lema em nossas vidas. Comece a mudança na sua vida hoje, não amanhã, nem semana que vem. Ao começar, não pare. É preciso se manter em movimento!

COMEÇO

92 Comece agora o grande projeto pela conquista da prosperidade. Não deixe para depois, como se o depois fosse melhor. O depois pode ser tarde demais. O momento é agora. O dia é o hoje. Não cultive o péssimo hábito de deixar tudo para depois. "Depois eu faço. Depois eu resolvo". O depois é inimigo mortal do triunfo e da vitória.

SINOPSE – Se pararmos para observar nossas atitudes e as daqueles que estão próximos, perceberemos que existe um velho hábito de sempre "deixar as coisas para depois". Esta frase parece simples, e em muitos casos é tida como uma sensação de alívio, já que permite que as coisas sejam adiadas. Mas é aí que mora o perigo. De tanto adiarmos, vamos deixando para depois nossas maiores conquistas.

DEPOIS... DEPOIS... DEPOIS... DEPOIS... DEPOIS... DEPOIS...
PODE SER TARDE DEMAIS, PODE SER TARDE DEMAIS,
NÃO ESPERE NÃO ESPERE
DEPOIS... DEPOIS... DEPOIS... DEPOIS... DEPOIS... DEPOIS...
PODE SER TARDE DEMAIS, PODE SER TARDE DEMAIS,
NÃO ESPERE NÃO ESPERE

DEPOIS... DEPOIS... DEPOIS...
PODE SER TARDE DEMAIS,
NÃO ESPERE

DEPOIS... DEPOIS... DEPOIS... DEPOIS... DEPOIS... DEPOIS...
PODE SER TARDE DEMAIS, PODE SER TARDE DEMAIS,
NÃO ESPERE NÃO ESPERE
DEPOIS... DEPOIS... DEPOIS... DEPOIS... DEPOIS... DEPOIS...
PODE SER TARDE DEMAIS, PODE SER TARDE DEMAIS,
NÃO ESPERE NÃO ESPERE

93 PRIORIDADE

Na luta pela prosperidade, não faça parte do "time do depois", pois a prioridade pode mudar. Depois, o amor pode virar ódio. Depois, a benquerença pode virar malquerença. Depois, o afeto pode virar desafeto. Depois, o encanto se esvai. Depois, a saudade passa. Depois, a gente envelhece e a vida fenece.

SINOPSE – O tempo é o senhor da razão e tem o poder de transformar todas as coisas, inclusive o que sentimos. Não espere para depois. O depois pode não chegar.

94 AGORA

Na refrega pela prosperidade, não deixe nada para depois. Na espera pelo depois, você pode se distrair e perder o que a vida pode lhe oferecer de melhor. Os melhores momentos, as melhores viagens, os melhores amigos, os melhores sentimentos, os maiores amores, as maiores conquistas e outras graças que Deus tem reservado para você. O depois pode ser tarde demais.

SINOPSE – Concentre-se no agora, sempre no agora. Nossas maiores conquistas e nossos melhores momentos são vividos no agora; por isso, aproveite-os.

COMECE A ESCREVER A SUA HISTÓRIA
DE AVENTURAS E EMOÇÕES,
SEM PONTO FINAL

COMEÇO II

95 Uma das chaves para a prosperidade é começar mesmo antes de estar preparado. É que a teoria é inimiga capital da prática, pois se ela tivesse que ter prática jamais existiria. A primazia, o esmero e a perfeição constituem-se um hábito, haja vista que "somos aquilo que executamos repetidamente" (AD).

SINOPSE – Não deixe seus objetivos para depois. O depois é um tempo muito duvidoso e muita coisa pode mudar. Se tem vontade de ir à luta, faça-o já.

COMEÇO III

96 Comece hoje a luta pela prosperidade. Se você esperar o momento apropriado chegar, nunca vai começar. Quem faz o seu momento apropriado é exclusivamente você. E comece no lugar onde você estiver, com as ferramentas que tiver, fazendo o que puder, mas tentando fazer sempre mais e melhor que os outros, e muito mais que o necessário.

SINOPSE – Qualquer obra para sair do papel precisa ter um primeiro passo. E este primeiro passo só vai acontecer quando você decidir acordar, decidir agir, decidir fazer, decidir ser.

SEJA PROGRESSIVAMENTE SEJA PROGRESSIVAMENTE
MELHOR A CADA DIA MELHOR A CADA DIA
SEJA PROGRESSIVAMENTE SEJA PROGRESSIVAMENTE
MELHOR A CADA DIA MELHOR A CADA DIA
SEJA PROGRESSIVAMENTE SEJA PROGRESSIVAMENTE
MELHOR A CADA DIA MELHOR A CADA DIA
SEJA PROGRESSIVAMENTE SEJA PROGRESSIVAMENTE
MELHOR A CADA DIA MELHOR A CADA DIA
SEJA PROGRESSIVAMENTE SEJA PROGRESSIVAMENTE
MELHOR A CADA DIA MELHOR A CADA DIA

SEJA PROGRESSIVAMENTE
MELHOR A CADA DIA

SEJA PROGRESSIVAMENTE SEJA PROGRESSIVAMENTE
MELHOR A CADA DIA MELHOR A CADA DIA
SEJA PROGRESSIVAMENTE SEJA PROGRESSIVAMENTE
MELHOR A CADA DIA MELHOR A CADA DIA
SEJA PROGRESSIVAMENTE SEJA PROGRESSIVAMENTE
MELHOR A CADA DIA MELHOR A CADA DIA
SEJA PROGRESSIVAMENTE SEJA PROGRESSIVAMENTE
MELHOR A CADA DIA MELHOR A CADA DIA
SEJA PROGRESSIVAMENTE SEJA PROGRESSIVAMENTE
MELHOR A CADA DIA MELHOR A CADA DIA

PRÁTICA II

97 Nunca espere ser especialista em um assunto para realizar alguma coisa na sua vida. Não tem como ficar bom em algo sem antes fazer e praticar. É a prática que traz a primazia, o esmero e a perfeição. Logo, comece agora, mesmo sem estar preparado, para ser primoroso depois.

SINOPSE – A sequência e a repetição das suas ações é que o levarão ao êxito. É fazendo que se aprende, e é na frequência que se chega à excelência.

APRIMORAMENTO

98 A filosofia japonesa Kaizen nos ensina que hoje temos que ser melhores do que ontem; amanhã, melhores do que hoje; e depois de amanhã, melhores do que amanhã. Logo, na luta pela prosperidade procure ser, hoje, alguém muito melhor do que ontem, e amanhã muito melhor do que hoje. Agindo assim a iluminação divina o ajudará a progredir.

SINOPSE – É preciso ter em mente o pensamento de se superar, sempre. E lembre-se: você é seu maior inimigo. É você quem tem a maior chance de se sabotar e estragar tudo. Logo, procure sempre ser uma pessoa melhor a cada dia, e o universo conspirará a seu favor.

SONHE COM CORAGEM E SONHE COM CORAGEM E
VÁ ALÉM DO PREVISÍVEL VÁ ALÉM DO PREVISÍVEL
SONHE COM CORAGEM E SONHE COM CORAGEM E
VÁ ALÉM DO PREVISÍVEL VÁ ALÉM DO PREVISÍVEL
SONHE COM CORAGEM E SONHE COM CORAGEM E
VÁ ALÉM DO PREVISÍVEL VÁ ALÉM DO PREVISÍVEL
SONHE COM CORAGEM E SONHE COM CORAGEM E
VÁ ALÉM DO PREVISÍVEL VÁ ALÉM DO PREVISÍVEL
SONHE COM CORAGEM E SONHE COM CORAGEM E
VÁ ALÉM DO PREVISÍVEL VÁ ALÉM DO PREVISÍVEL

SONHE COM CORAGEM E
VÁ ALÉM DO PREVISÍVEL

SONHE COM CORAGEM E SONHE COM CORAGEM E
VÁ ALÉM DO PREVISÍVEL VÁ ALÉM DO PREVISÍVEL
SONHE COM CORAGEM E SONHE COM CORAGEM E
VÁ ALÉM DO PREVISÍVEL VÁ ALÉM DO PREVISÍVEL
SONHE COM CORAGEM E SONHE COM CORAGEM E
VÁ ALÉM DO PREVISÍVEL VÁ ALÉM DO PREVISÍVEL
SONHE COM CORAGEM E SONHE COM CORAGEM E
VÁ ALÉM DO PREVISÍVEL VÁ ALÉM DO PREVISÍVEL
SONHE COM CORAGEM E SONHE COM CORAGEM E
VÁ ALÉM DO PREVISÍVEL VÁ ALÉM DO PREVISÍVEL

ACIMA DA MÉDIA

99 Na peleja pela prosperidade, dê o seu máximo e faça sempre o seu melhor. Mas procure também fazer bem-feito, muito mais que o necessário, e não apenas o possível. Só assim a vitória será inequívoca e infalível.

SINOPSE – O que mais a vida exige da gente é coragem. Esta é o combustível que nos move em direção aos nossos desejos, e é esta mesma coragem que faz a gente se esforçar, dar o máximo e lutar insistentemente. Todos somos dotados desta força, basta apenas que a coloquemos para fora.

SONHO

100 Sonho é o mais importante passo para a prosperidade. Mas não basta sonhar. O sonho é apenas o primeiro passo, o "mapa" para a prosperidade, não a prosperidade em si mesma. É preciso transformar o sonho num projeto de vida, traçar metas e com métodos, determinação, disciplina, compromisso, foco e muito trabalho, cumprir as metas integralmente. A partir daí o universo conspirará a seu favor.

SINOPSE – Construa o mapa da sua vida. Não fique apenas no rabisco. Você pode pegar um pequeno rascunho e transformá-lo em um projeto sabiamente desenhado.

TRANSFORME SEUS SONHOS
EM PROPÓSITOS

SONHO II

101 Diferentemente dos perdedores, que têm apenas aspirações e sonhos, os vencedores transformam seus desejos e sonhos num propósito de vida e, com ousadia, coragem, determinação, planejamento, metas, compromisso, persistência e muita disciplina, trabalham diuturnamente e sem cessar até a conquista.

SINOPSE – No processo de realização dos nossos objetivos, a maneira como pensamos interfere diretamente no status do resultado: positivo ou negativo. Ou seja, se você deseja ser um vencedor, pense como um vencedor. Desta forma, agirá como um. Mas, além de pensar, é preciso transformar o pensamento num propósito de vida e trabalhar muito até o resultado final.

SONHO III

102 O visionário é aquele que, primeiro, sonha e intenciona um propósito de vida; depois, ambiciona com todas as suas forças; em seguida, age firmemente, com energia, determinação e muita fé. Porque o sonho idealiza, a ambição fortalece, a fé impulsiona e a ação transforma e realiza.

SINOPSE – Idealizar planos e não aprender a executá-los não vai levar você a lugar algum. O que diferencia pessoas normais de verdadeiros visionários é a capacidade de colocar em prática suas mais profundas ambições. Uma mente inerte é uma mente vazia.

NÃO HÁ DINHEIRO QUE PAGUE
O SENTIMENTO DE UM
SONHO REALIZADO

SONHO IV

103 | Sonhar não custa dinheiro. É a única coisa que pertence somente a nós. Nós somos o que somos graças aos nossos sonhos e nossos desejos. Logo, nunca deixe de sonhar, porque viver sem sonhos é como viver sem esperança. Comece a sonhar sem medo e aja para concretizar seu sonho. O sonho tem poder, encanto e magia. A ação é a força que o transforma e concretiza.

SINOPSE – Sonhe! Sonhe sempre! As maiores realizações da humanidade vieram de sonhos audaciosos. E quando tiver um sonho, lute para torná-lo realidade. Garanto a você: ver um sonho concretizado é um dos maiores prazeres da vida.

AUTOCONFIANÇA

104 | Seu futuro só depende de você, de mais ninguém. Logo, decida o que você quer ser. Acredite em você e no seu potencial para que os outros também possam neles acreditar. Comece a agir com muita determinação, foco e fé, a partir daí, nem o céu será o limite.

SINOPSE – O que você quer para o seu futuro? E o que você está fazendo, hoje, para que esse sonho se concretize amanhã? Não espere para dar início a seus planos. Faça acontecer!

NÃO DEIXE QUE NÃO DEIXE QUE
NINGUÉM ROUBE NINGUÉM ROUBE
SEUS SONHOS SEUS SONHOS
NÃO DEIXE QUE NÃO DEIXE QUE
NINGUÉM ROUBE NINGUÉM ROUBE
SEUS SONHOS SEUS SONHOS

NÃO DEIXE QUE NINGUÉM ROUBE SEUS SONHOS

NÃO DEIXE QUE NÃO DEIXE QUE
NINGUÉM ROUBE NINGUÉM ROUBE
SEUS SONHOS SEUS SONHOS
NÃO DEIXE QUE NÃO DEIXE QUE
NINGUÉM ROUBE NINGUÉM ROUBE
SEUS SONHOS SEUS SONHOS

SONHO V

105 Ninguém pode sonhar por nós os nossos sonhos. Ninguém trabalhará por nós sua concretização. A transformação dos nossos sonhos em realidade depende exclusivamente de nós. É que o nosso futuro somos nós quem criamos. Logo, sonhe, trabalhe, lute, persista, acredite, nunca desista, e a conquista será uma consequência.

SINOPSE – O maior erro de uma pessoa é depositar nas mãos dos outros a realização dos seus maiores desejos. Para ser digno de ter o que deseja primeiro é preciso ir atrás.

LIMITAÇÃO

106 Sua capacidade de realização e conquista é extraordinariamente ilimitada. Limites não existem, são criados pelos outros e pela sua própria mente. Como é você quem manda em sua mente e não se importa com os comentários alheios, nem o universo imporá limites para as suas vitórias. Logo, idealize, sonhe, aja, lute, trabalhe, persevere e, por fim, realize e vença.

SINOPSE – Nunca deixe que os outros ou sua própria mente lhe imponham limites. Seus limites são apenas os seus medos! Programe sua mente para acompanhar seus desejos, sempre no intuito de pensar positivamente para seguir seu caminho com determinação até a vitória.

OS SEUS SONHOS SÃO COMBUSTÍVEIS PARA O SEU SUCESSO

COMBUSTÍVEL DA VIDA

107 O combustível diário de nossas vidas são nossos sonhos e desejos. E o que existe entre nós e nossos ideais são nossa determinação e força de vontade. Com efeito, idealize e sonhe. Mas lute com determinação e força de vontade, e a prosperidade baterá à sua porta.

> **SINOPSE –** Sabe aquela menção que diz: se for mergulhar, mergulhe em águas profundas para desfrutar de belas paisagens? O mesmo acontece com a busca da realização dos nossos sonhos. Mergulhe profundamente nela.

VONTADE

108 A vontade de conquistar algo extraordinariamente grandioso deve ser nossa melhor motivação para que continuemos caminhando, correndo, lutando, trabalhando, perseverando e superando nossas adversidades e desafios para que obtenhamos a conquista.

> **SINOPSE –** Sonhe sempre sonhos grandes. São eles que nos impulsionam a grandes realizações. Acredite no seu potencial e corra atrás de seus desejos, e eles se realizarão.

PARA REALIZAR SEUS
SONHOS, MANTENHA-SE
ACORDADO

109 DESPERTAR

Nossos sonhos e ideais não se realizarão se continuarmos apenas hibernando. Enquanto estamos neste estado de inércia e letargia, eles perdem a chance de se concretizar. Logo, mister se faz acordar, navegar, trabalhar diuturnamente de forma árdua e extenuante, perseverar até o fim, sem cessar, para então conseguir realizá-los.

SINOPSE – Se você tem um sonho, é preciso transformá-lo em um objetivo, estruturá-lo em metas e, com muita determinação, ir galgando, aos poucos, os degraus da realização. Apenas querer e não buscar não vai adiantar.

110 PROSPERIDADE II

Existe um adágio popular que diz que aqueles que prosperam na vida são pessoas de sorte ou que nascem com a bunda virada para a lua. Eu afirmo que a prosperidade é para todos aqueles que sonham, transformam seus sonhos num propósito de vida, traçam metas e, com métodos, compromisso e muita disciplina, trabalham de forma árdua e extenuante, diuturnamente, com foco, otimismo, determinação, persistência e perseverança e, aí sim, conseguem alcançar a vitória.

SINOPSE – O sucesso não é algo que cai do céu. Todos desejam, mas nem todo mundo quer pagar o preço para tê-lo. Ele tem um preço. É muito caro. Mas não incomprável.

ACREDITE, ARRISQUE, ACREDITE, ARRISQUE,
TENHA FORÇA E FÉ, TENHA FORÇA E FÉ,
NUNCA DESISTANUNCA DESISTA
ACREDITE, ARRISQUE, ACREDITE, ARRISQUE,
TENHA FORÇA E FÉ, TENHA FORÇA E FÉ,
NUNCA DESISTANUNCA DESISTA
ACREDITE, ARRISQUE, ACREDITE, ARRISQUE,
TENHA FORÇA E FÉ, TENHA FORÇA E FÉ,
NUNCA DESISTANUNCA DESISTA

ACREDITE, ARRISQUE, TENHA FORÇA E FÉ, **NUNCA DESISTA**

ACREDITE, ARRISQUE, ACREDITE, ARRISQUE,
TENHA FORÇA E FÉ, TENHA FORÇA E FÉ,
NUNCA DESISTANUNCA DESISTA
ACREDITE, ARRISQUE, ACREDITE, ARRISQUE,
TENHA FORÇA E FÉ, TENHA FORÇA E FÉ,
NUNCA DESISTANUNCA DESISTA
ACREDITE, ARRISQUE, ACREDITE, ARRISQUE,
TENHA FORÇA E FÉ, TENHA FORÇA E FÉ,
NUNCA DESISTANUNCA DESISTA

SONHO VI

111 Sonhe sempre. Nunca pare de sonhar. E sonhos grandiosos, pois, se fizermos uma analogia com o sangue, considerado elemento fundamental para o corpo humano, o sonho é o principal ingrediente para que a vida humana pulse com vigor, impulso, estímulo, incentivo, preenchimento, contentamento, satisfação e júbilo.

SINOPSE – Sonhar, correr atrás do sonho, esforçar-se ao máximo para colocá-lo em prática e, por fim, vê-lo realizado, são verdadeiros estímulos para que a vida tenha sentido, seja preenchida e empolgante.

SONHO VII

112 Nunca pare de sonhar. Mas não basta sonhar. O sonho é apenas uma das principais peças da engrenagem do motor vida. Deve-se fazer mais. É preciso ter ousadia, determinação, coragem e força espiritual para superar todos os obstáculos e adversidades que surgem na vida.

SINOPSE – Você tem dois caminhos: acreditar e arriscar com muita força e fé sem jamais desistir, ou desacreditar e não arriscar, permanecendo em completo estado de inação. Escolha qual caminho quer seguir. Aconselho que siga o primeiro.

CONHECER SEUS LIMITES
LHE POSSIBILITARÁ
IR ALÉM

113 INSATISFAÇÃO

Fuja da insignificância e da mediocridade. Não se conforme com a pequenice. Reacenda diariamente em sua mente a chama de sonhar grande. O inconformismo e a insatisfação são os principais combustíveis dos vitoriosos.

SINOPSE – A estabilidade e a inércia nunca possibilitaram ao ser humano grandes feitos. Para chegar longe e alcançar a plenitude dos nossos desejos é preciso, antes de qualquer coisa, ação. A vida pede movimento, e para sair do lugar é preciso ousadia e atitude.

114 PROSPERIDADE III

A prosperidade está umbilicalmente relacionada aos nossos valores e àquilo no que acreditamos. É necessário fazer uma profunda viagem para dentro de nós mesmos e conhecermos nossos limites e potencialidades. Depois, identificarmos aonde queremos chegar e criarmos estímulos necessários para percorrer a árdua caminhada que nos conduzirá ao triunfo.

SINOPSE – Como você quer descobrir o mundo lá fora se mal se conhece aí dentro? O processo reflexivo é fundamental para o sucesso dos fatores externos. Conheça-se antes, e depois o mundo.

NÃO ESPERE, SAIA DO LUGAR, MUDE E CONSTRUA ALGO NOVO

115

SUCESSO II

O sucesso não é consagrado apenas pela posse de uma conta bancária abastada, ou pelo fato de se conseguir chegar ao topo da maior montanha. É conquistar tudo isso, mas sobretudo ser feliz. E é plenamente possível ter as duas coisas. Conquiste o sucesso, mas não abra mão da sua felicidade, sempre com ética e fidelidade aos seus valores.

SINOPSE – É muito importante refletir sobre o real significado da palavra sucesso, condição que todo mundo busca na vida. Saiba que nem tudo se resume apenas a questões financeiras. Existem outros valores que precisam ser cultivados.

116

PROSPERIDADE IV

A conquista da prosperidade só depende de você. Para tanto, não basta ler livros de autoajuda. É mister decidir mudar radicalmente e implementar ações reais e concretas. É que, segundo Barack Obama, "a mudança não acontecerá se nós apenas esperarmos por outra pessoa ou se esperarmos por algum outro momento. Nós somos as pessoas pelas quais esperávamos. Nós somos a mudança que buscamos". Logo, decida, aja, mude, conquiste.

SINOPSE – Esperar que o outro faça aquilo que apenas você está destinado a fazer é pura tolice. Você só terá o que deseja após passar pelo processo de "treinamento"; afinal, muitas dificuldades surgirão e elas serão fundamentais para que você receba o que tanto deseja. Então, como atribuir a outra pessoa aquilo que só você merece enfrentar?

TIRE BOAS LIÇÕES DO QUE PASSOU,
MANTENHA A MENTE E OS
OLHOS NO FUTURO

HORIZONTE

117 Mantenha constantemente os olhos visualizando o horizonte. É o horizonte que você sempre tem que objetivar. Construa um caminho que o levará até ele. Pois é lá onde a grandiosidade se encontra. E é lá que sempre será o seu lugar.

SINOPSE – A direção da sua felicidade está apontada para a frente, jamais para trás. O horizonte representa tudo o que está por vir, tudo o que pode ser descoberto e tudo o que você pode explorar.

CAMINHADA

118 Seu sucesso e sua felicidade dependem do percurso da sua caminhada, mas, sobretudo, da maneira como você caminha. Por isso, nunca se esqueça de que suas ações de hoje nortearão o acontecimento do amanhã. Viva o agora com a consciência de que são suas condutas que formarão o seu futuro.

SINOPSE – Não se bloqueie nem tenha medo quando a sua vida exigir coragem. Um passo por vez, mas esses passos, algumas vezes, precisarão ser ousados. Entretanto, aja com ética e responsabilidade, pois suas atitudes e ações nortearão sua vida.

NOSSOS SONHOS NÃO ENVELHECEM, SE RENOVAM

SONHO VIII

119

Nós nascemos com a certeza que iremos envelhecer e morrer. Este é o processo natural da vida. Porém, com os nossos sonhos isto não acontece. Eles jamais envelhecem, e só morrem se desistirmos de transformá-los em realidade. Cabe a nós, somente a nós, mantê-los vivos até que sejam concretizados.

> **SINOPSE –** Uma vida sem sonhos é uma vida vazia e que não tem propósitos. Saiba qual é o caminho que seu coração deseja e siga-o.

MEDO

120

O medo parece ser uma barreira intransponível. Entretanto, se você quiser, tiver força de vontade e se esforçar com determinação extraordinária é possível superá-la. Quando acontecer, você se deparará com as coisas grandiosas que sempre almejou.

> **SINOPSE –** Não deixe o medo consumir, dominar e travar você. Seja corajoso e mais forte que ele até conseguir dominá-lo.

CUIDE DO CORPO E DA MENTE, AMBOS PRECISAM
SER ALIMENTADOS

EQUILÍBRIO

121 Suas conquistas dependem integralmente do seu corpo e da sua mente. Logo, cuide bem dos dois, pois, além de você "morar em seu corpo", é sua mente que o dirige. O corpo, com alimentação saudável e exercícios físicos para lhe dar suporte e força. A mente, com saber e conhecimento para lhe dar asas para voos longínquos e inimagináveis.

SINOPSE – Você não conseguirá ir muito longe se seu corpo e sua mente não estiverem sadios, energizados e em perfeita harmonia. Cuide dos dois!

NORMALIDADE

122 Saiba que "a normalidade é como uma estrada pavimentada. Confortável de andar, mas nenhuma flor nasce nela" (Van Gogh). Se é na estrada pavimentada da normalidade que você sempre trafega e se sente confortável, esteja certo de que a ousadia, a criatividade, o crescimento e o progresso serão tolhidos pela aridez da normalidade confortável.

SINOPSE – Desfrute da sua capacidade de melhorar, mudar e conquistar coisas grandiosas. Saia do óbvio, do lugar-comum e do piloto automático.

ENFRENTE E EM FRENTE, NÃO PARE DIANTE DAS ADVERSIDADES

PROBLEMA

123

Na vida, todos nós enfrentamos problemas. Só não enfrenta problemas quem não está mais neste mundo. Se pararmos para pensar, são eles que nos fortalecem e lapidam nosso crescimento e desenvolvimento. Cabe a nós desenvolvermos a necessária inteligência emocional para aproveitarmos as maiores lições que as adversidades da vida nos ensinam.

SINOPSE – Ficar paralisado diante de uma adversidade é um grande erro. Um erro grave. É preciso entender que os problemas não definem o resultado da sua trajetória, mas, sim, que o estão preparando para uma trajetória de vitórias.

DESCOBRIR

124

Lembre-se sempre de que "uma mente que se abre a uma nova ideia jamais voltará ao seu tamanho original" (Albert Einstein). Com efeito, seja sempre fascinado pela curiosidade, pelo descobrir o novo e pela aprendizagem perene. O caminho da informação e do conhecimento é extraordinariamente fascinante e serve para ampliar nossa visão de vida e de mundo.

SINOPSE – A utilização do verbo *aprender* deve ser uma constância em sua vida. Só consegue se manter no topo quem é sustentado por muito conhecimento e aprendizagem. Não há outro caminho.

ESFORÇOS CONTINUADOS ESFORÇOS CONTINUADOS
SOBREPÕEM A INTELIGÊNCIA SOBREPÕEM A INTELIGÊNCIA
E O TALENTO E O TALENTO

ESFORÇOS CONTINUADOS ESFORÇOS CONTINUADOS
SOBREPÕEM A INTELIGÊNCIA SOBREPÕEM A INTELIGÊNCIA
E O TALENTO E O TALENTO

ESFORÇOS CONTINUADOS ESFORÇOS CONTINUADOS
SOBREPÕEM A INTELIGÊNCIA SOBREPÕEM A INTELIGÊNCIA
E O TALENTO E O TALENTO

ESFORÇOS CONTINUADOS
SOBREPÕEM A INTELIGÊNCIA
E O TALENTO

ESFORÇOS CONTINUADOS ESFORÇOS CONTINUADOS
SOBREPÕEM A INTELIGÊNCIA SOBREPÕEM A INTELIGÊNCIA
E O TALENTO E O TALENTO

ESFORÇOS CONTINUADOS ESFORÇOS CONTINUADOS
SOBREPÕEM A INTELIGÊNCIA SOBREPÕEM A INTELIGÊNCIA
E O TALENTO E O TALENTO

ESFORÇOS CONTINUADOS ESFORÇOS CONTINUADOS
SOBREPÕEM A INTELIGÊNCIA SOBREPÕEM A INTELIGÊNCIA
E O TALENTO E O TALENTO

IDENTIFICAÇÃO

125

Existe um velho dito que frisa: "Enquanto uns choram, outros vendem lenços". Este axioma é a melhor maneira de retratar os dois lados da moeda, que descreve os que somente reclamam e os que lutam incessantemente para transformar seus sonhos em realidade. Saber identificar soluções diante dos problemas é o que nos faz progredir.

SINOPSE – Meu conselho é: não escolha ficar no lado dos que choram, e, sim, no daqueles que se apropriam das situações adversas para extrair o melhor que elas podem oferecer ou ensinar.

ESFORÇO III

126

Esteja certo de que seus esforços obstinados valem muito mais que apenas sua inteligência e seu talento. Quanto mais esforçado e desafiador você for, menos ficará na zona de conforto, e o resultado do esforço será uma fonte grandiosa de conquistas.

SINOPSE – Ultrapasse seus limites e descubra o tamanho do potencial que existe dentro de você.

NUNCA DESISTA, LUTE ATÉ O ÚLTIMO SEGUNDO PELAS SUAS CONQUISTAS

127 REAPRENDIZADO

Assim como acontece nos esportes, para ser bem-sucedido na vida é preciso perspicácia, sagacidade e o desenvolvimento de técnicas, aptidões, habilidades e competências para aprender, desaprender e reaprender constantemente, sem jamais desistir.

SINOPSE – Desistir é uma palavra que não faz parte do vocabulário nem consta no dicionário dos vencedores de qualquer área.

128 CAMPEÃO

Pense sempre como um campeão. Campeões não se curvam diante das dificuldades e derrotas, tomam-nas como exemplo para, incansavelmente, se superarem. A vida vai derrubá-lo algumas vezes, mas não é para que você fique no chão, e sim para que aprenda a cair e a se levantar muito mais forte e vigoroso.

SINOPSE – O pensamento que você nutrir será determinante para aquilo que irá se tornar. Por isso, não hesite em pensar como um campeão!

VIVA A VIDA! VIVA A VIDA!
NÃO PERCA TEMPO, NÃO PERCA TEMPO,
APROVEITE-A APROVEITE-A
VIVA A VIDA! VIVA A VIDA!
NÃO PERCA TEMPO, NÃO PERCA TEMPO,
APROVEITE-A APROVEITE-A

VIVA A VIDA!
NÃO PERCA TEMPO,
APROVEITE-A

VIVA A VIDA! VIVA A VIDA!
NÃO PERCA TEMPO, NÃO PERCA TEMPO,
APROVEITE-A APROVEITE-A
VIVA A VIDA! VIVA A VIDA!
NÃO PERCA TEMPO, NÃO PERCA TEMPO,
APROVEITE-A APROVEITE-A

MUDANÇA III

129 Se você acredita que precisa mudar, então mude logo. Não trate suas insatisfações como algo secundário que pode ser adiado e deixado para depois. Comece agora, mude agora. Um passo por vez é parte da mudança que faz toda a diferença. Comece agora a extraordinária mudança em sua vida.

SINOPSE – Sua vida pode ser exuberante, e para que isso aconteça só depende de você. Avalie suas ações, mude o que precisa ser mudado, diminua seus pontos fracos e aperfeiçoe seus pontos fortes.

TEMPO

130 Você já parou para pensar no quanto seu tempo é valioso? Ele não volta mais. Nós só temos o aqui e agora, e as horas que nos são concedidas precisam ser aproveitadas da melhor maneira possível. Não deixe para entender isto quando não tiver mais tempo, pois "ele é igual às águas de um rio: uma vez passadas, adeus" (AD).

SINOPSE – Entender isto é compreender o real sentido da vida. Nosso tempo é escasso aqui na terra, e a oportunidade que temos de viver o agora é única.

O AMOR PODE O AMOR PODE
TUDO TUDO
O AMOR PODE O AMOR PODE
TUDO TUDO
O AMOR PODE O AMOR PODE
TUDO TUDO

O AMOR
PODE TUDO

O AMOR PODE O AMOR PODE
TUDO TUDO
O AMOR PODE O AMOR PODE
TUDO TUDO
O AMOR PODE O AMOR PODE
TUDO TUDO

AMOR

131

Desenvolva uma relação de amor com as atividades que gosta de desempenhar. Isto lhe renderá bons frutos e uma vida menos amarga. Afinal, segundo Khalil Gibran, "trabalho é amor tornado visível. Todo trabalho é vazio, a não ser que haja amor".

SINOPSE – O resultado daquilo que fazemos com amor é extraordinariamente surpreendente. Experimente fazer tudo com amor e dando o melhor de você!

AÇÃO IV

132

Não deixe para agir apenas quando estiver "a fim". Já parou para pensar se os médicos só atendessem os pacientes quando estivessem inspirados e com vontade? Independentemente do que sentimos, desânimo ou frustração, precisamos sempre olhar para a frente e ser proativos, fazendo mais que o necessário e dando sempre o nosso melhor, e não apenas o suficiente.

SINOPSE – Comece a agir agora e encare todos os desafios como uma escada. Será preciso subir um degrau por vez, mas cada um deles já será um avanço. Apenas dê o seu melhor e suba.

RECICLE-SE TODOS OS DIAS PARA RECEBER RECICLE-SE TODOS OS DIAS PARA RECEBER
O NOVOO NOVO
RECICLE-SE TODOS OS DIAS PARA RECEBER RECICLE-SE TODOS OS DIAS PARA RECEBER
O NOVOO NOVO
RECICLE-SE TODOS OS DIAS PARA RECEBER RECICLE-SE TODOS OS DIAS PARA RECEBER
O NOVOO NOVO
RECICLE-SE TODOS OS DIAS PARA RECEBER RECICLE-SE TODOS OS DIAS PARA RECEBER
O NOVOO NOVO

RECICLE-SE TODOS OS DIAS PARA RECEBER

O NOVO

RECICLE-SE TODOS OS DIAS PARA RECEBER RECICLE-SE TODOS OS DIAS PARA RECEBER
O NOVOO NOVO
RECICLE-SE TODOS OS DIAS PARA RECEBER RECICLE-SE TODOS OS DIAS PARA RECEBER
O NOVOO NOVO
RECICLE-SE TODOS OS DIAS PARA RECEBER RECICLE-SE TODOS OS DIAS PARA RECEBER
O NOVOO NOVO
RECICLE-SE TODOS OS DIAS PARA RECEBER RECICLE-SE TODOS OS DIAS PARA RECEBER
O NOVOO NOVO

ACEITAÇÃO

133 Entenda e aceite as coisas que você não pode mudar. O que não se pode mudar já é fato consumado. Foque naquilo que é possível ser transformado. Assim você direcionará toda sua energia para o que realmente importa, o que pode ser alterado e o que de fato trará resultados positivos.

SINOPSE – Entender este pensamento mudará radicalmente a rota da sua vida, pois você poupará muito do seu tempo e o usará com coisas realmente possíveis e significativas.

ADVERSIDADES

134 Toda revolução começou com uma crise. Da mesma forma se dá com o progresso em nossas vidas. Não espere para progredir e evoluir apenas quando os ventos forem favoráveis. As aeronaves decolam com ventos desfavoráveis. As tempestades e os vendavais nos ensinam a navegar com destreza e rapidez no mar da vida.

SINOPSE – As dificuldades nos tornam mais fortes. Elas lapidam nossa mente e nos faz resistir e estar preparados diante dos momentos mais difíceis.

BUSQUE O MELHOR BUSQUE O MELHOR
CAMINHOCAMINHO
BUSQUE O MELHOR BUSQUE O MELHOR
CAMINHOCAMINHO
BUSQUE O MELHOR BUSQUE O MELHOR
CAMINHOCAMINHO
BUSQUE O MELHOR BUSQUE O MELHOR
CAMINHOCAMINHO

BUSQUE O MELHOR
CAMINHO

BUSQUE O MELHOR BUSQUE O MELHOR
CAMINHOCAMINHO
BUSQUE O MELHOR BUSQUE O MELHOR
CAMINHOCAMINHO
BUSQUE O MELHOR BUSQUE O MELHOR
CAMINHOCAMINHO
BUSQUE O MELHOR BUSQUE O MELHOR
CAMINHOCAMINHO

MUDANÇA IV

135 Compreenda que quem você foi no passado não significa necessariamente quem você será no futuro. Podemos ter uma grande dádiva em nossas vidas, que se chama mudança. Ela é capaz de alterar a trajetória de nossos destinos e nos direcionar para a trilha da vitória e da felicidade. Comece a agir agora para mudar. Seu destino está apenas em suas mãos.

SINOPSE – Se perceber que está trilhando um caminho errado, seja na sua vida pessoal seja na profissional, não tema redirecionar sua "bússola interior". Reprograme-se, prepare-se para a mudança e invista em seu novo destino. O mais importante é seguir o melhor caminho para a sua vida.

LAPIDAÇÃO

136 Não supervalorize seus defeitos. O que não pode ser mudado não pode ser objeto de preocupação. Entretanto, o que pode ser modificado deve receber atenção especial e toda sua energia. É que a vida é um processo constante e perene de lapidação e transformação.

SINOPSE – Mude o que precisa ser mudado e fortaleça o que precisa ser enaltecido em você. A partir disso, concentre-se no seu propósito de vida em busca da prosperidade e da felicidade plena.

COLOQUE EM PRÁTICA
O QUE VOCÊ TEM
DE MELHOR

EXTRAORDINÁRIO

137 Para ser extraordinário, você precisa procurar enxergar aquilo que mais ninguém consegue enxergar. Para ser extraordinário, você precisa ser ousado, corajoso, determinado, persistente, obstinado, pensar grande, fortalecer-se espiritualmente, pensar de forma generalista, mas agir de forma especialista. Para ser extraordinário você precisa ser extraordinário.

SINOPSE – Mude sua maneira de pensar e de agir procurando ser excepcional. Pessoas extraordinárias diferenciam-se das demais exatamente porque procuram ser diferentes. Pessoas extraordinárias costumam deixar sua marca neste mundo, e para sempre serão lembradas.

AUTOCONTROLE

138 Tenha controle de suas emoções, pois "não há maestria maior que o domínio sobre si próprio e as paixões, é o triunfo do livre-arbítrio" (Baltasar Gracián). Do contrário, elas podem jogar você em um precipício.

SINOPSE – Apesar de não ser uma tarefa fácil e requerer muito esforço, administrar nossas emoções é algo que pode ser desenvolvido e adquirido. Uma vez adquirido, você passará a ser muito mais dono de suas ações e de si próprio.

TEMPO É VIDA

AUTODISCIPLINA

139 Sua qualidade de vida depende da administração e da otimização do seu tempo. Seja autodisciplinado. Planeje, organize, defina prioridades e prazos, delegando o delegável e dizendo "não" quando necessário. Tempo é vida, use-o em benefício dela.

> **SINOPSE –** Administrar melhor o tempo é o segredo para dar conta de todas as demandas. Foque nas prioridades, e não se perca em coisas que não acrescentam nada a sua vida.

PACIÊNCIA

140 Seja persistente e perseverante, mas sem pressa nem precipitação. A paciência constitui-se numa força e num poder extraordinário. A constância paciente de seus esforços diários construirá a obra da sua vida. Lembre-se de que Roma não foi feita da noite para o dia.

> **SINOPSE –** Por isso, viva um dia por vez. Organize-se, planeje e lute para que a soma dos seus esforços diários resulte na conquista daquilo que tanto deseja.

A BUSCA DO CONHECIMENTO A BUSCA DO CONHECIMENTO
É INESGOTÁVEL É INESGOTÁVEL
A BUSCA DO CONHECIMENTO A BUSCA DO CONHECIMENTO
É INESGOTÁVEL É INESGOTÁVEL
A BUSCA DO CONHECIMENTO A BUSCA DO CONHECIMENTO
É INESGOTÁVEL É INESGOTÁVEL
A BUSCA DO CONHECIMENTO A BUSCA DO CONHECIMENTO
É INESGOTÁVEL É INESGOTÁVEL

A BUSCA DO CONHECIMENTO
É INESGOTÁVEL

A BUSCA DO CONHECIMENTO A BUSCA DO CONHECIMENTO
É INESGOTÁVEL É INESGOTÁVEL
A BUSCA DO CONHECIMENTO A BUSCA DO CONHECIMENTO
É INESGOTÁVEL É INESGOTÁVEL
A BUSCA DO CONHECIMENTO A BUSCA DO CONHECIMENTO
É INESGOTÁVEL É INESGOTÁVEL
A BUSCA DO CONHECIMENTO A BUSCA DO CONHECIMENTO
É INESGOTÁVEL É INESGOTÁVEL

CONHECIMENTO VI

141 Na sociedade tecnológica e digital em que vivemos é preciso estar sempre subindo a infinita escada do conhecimento. Nesta sociedade é preciso aprender sempre, sob pena de fazer parte do grupo dos analfabetos alfabetizados.

SINOPSE – A fonte do conhecimento é inesgotável. Saiba que, quanto mais você souber, mais coisas precisará aprender, e isto é absolutamente normal. Nosso processo de evolução e transformação depende disto.

TOLICE

142 Cercar-se de pessoas que servem apenas para bajular e elevar sua autoestima é tática de tolos. Os sábios circundam-se de gente que os desafia e os incentiva a ser maiores e melhores.

SINOPSE – Avalie as pessoas que estão ao seu lado e mantenha por perto apenas aquelas que podem somar, e não subtrair.

DÊ BONS FRUTOS
DIARIAMENTE

SONHOS E PENSAMENTOS

143 Seus sonhos e pensamentos emolduram a realidade da sua vida. Somente eles o fazem caminhar nos trilhos dos seus verdadeiros propósitos. Portanto, não guarde seus sonhos no cofre, use-os como balizadores das suas grandiosas ações.

> **SINOPSE –** Tenha grandes sonhos! São eles que nos impulsionam para grandes realizações. Mas não sonhe apenas. Acredite no seu potencial e corra atrás dos seus desejos.

PODER

144 Você tem o poder de ser o que desejar ser. Este é o poder do livre-arbítrio. Entretanto, o poder de escolha pode ser uma dádiva, mas também uma maldição. Escolha caminhar o caminho dos probos, pois, se o resultado do que está colhendo não for bom, mude o que está plantando.

> **SINOPSE –** Aproveite este presente, o poder do livre-arbítrio, que lhe foi concedido por Deus para fazer escolhas certas e sensatas que produzam os frutos das boas virtudes.

TENHA FOCO EM UMA ÚNICA COISA

145 GUINADA

Comece agora a fazer a verdadeira revolução da sua vida, dando uma guinada de 360 graus. Comece aos poucos, mas comece. A extraordinária transformação da sua vida deve começar agora, a partir da sua decisão e, após, do seu agir. Comece hoje, sem medo, de forma gradativa, a subir degrau por degrau a escada da prosperidade e felicidade plenas. Só acerta ou erra quem tenta. Só ganha ou perde quem joga. Só prospera ou vence quem sonha. Só é feliz quem quer ser.

SINOPSE – Ao fazer uma coisa por vez, no final você terá feito o todo. Olhe para o seu alvo e comece agora a fazer todas as coisas que o levarão até ele.

146 DESPERTAR II

O despertar do agir para vencer na vida é muito mais importante do que apenas o querer vencer. É o despertar com atitudes e ações realizadas com ousadia, determinação e coragem que dá o impulso inicial rumo ao triunfo, cujo resultado será a criação de coisas extraordinárias.

SINOPSE – Sempre digo que qualquer objetivo só pode ser atingido com o andar do primeiro passo, que consagra o despertar para aquilo que se quer fazer. A partir do momento que você reconhece que precisa mudar, crescer, vencer na vida, já deu o primeiro passo para alcançar seu objetivo. O segundo são as ações que devem ser realizadas.

RECONHEÇA SEUS ERROS

AUTOCONHECIMENTO II

147 O autoconhecimento exige que você reconheça suas qualidades, mas, também, que admita suas fraquezas. Só assim você será capaz de vencer seus medos e caminhar para além do horizonte.

SINOPSE – Reconhecer os próprios erros e fraquezas é algo que muitas pessoas acham difícil, ou não se preocupam em fazer. Mas na jornada da vida isto é tão importante quanto comer e beber. Só assim a pessoa consegue evoluir, crescer, aperfeiçoar-se e se tornar melhor. Faz parte do processo de amadurecimento de qualquer ser humano que deseja prosperar na vida.

CONHECIMENTO VII

148 A trilha do conhecimento é inesgotável, infinita, extremamente prazerosa e nos transforma em seres sublimes, principalmente se a usarmos para o bem. Procure caminhar perenemente por ela e terá grandes recompensas.

SINOPSE – Hoje, a busca pelo conhecimento deve ser constante e perene, embora exija muita dedicação. No entanto, ela é capaz de nos mostrar caminhos e destinos inimagináveis. Por isso, aprenda o máximo que puder.

SONHAR TE
MANTÉM VIVO

VENCEDOR

149 Para ser um vencedor, sonhe um sonho, apaixone-se por ele e o ame, profundamente, até sua realização. E quando concretizá-lo, sonhe outro com a mesma intensidade e energia, agindo da mesma forma. E depois outro. E depois outro... É que não podemos nos deslumbrar com nossas realizações, principalmente porque quando deixamos de sonhar começamos a morrer.

SINOPSE – Nossa vida se enche de felicidade quando atingimos determinado objetivo, realizando um grande sonho. Entretanto, logo em seguida somos tomados por uma nova vontade de querer conquistar algo novo. Isto justifica por que nunca estamos 100% satisfeitos ao longo da vida. E isto é bom, porque enquanto sonhamos intensamente estamos vivendo ardentemente.

SONHO IX

150 Tenha plena consciência de que, ou você idealiza seu próprio sonho, apaixona-se profundamente por ele, transforma-o, com muito amor, em um propósito de vida e luta diuturnamente, de forma árdua e extenuante para concretizá-lo, ou fará parte da concretização do sonho de outra pessoa.

SINOPSE – Você é o timoneiro da sua vida. Pode escolher ser ator principal, coadjuvante ou até espectador da novela da sua vida. O que não é aconselhável é ser coadjuvante da novela da vida alheia.

NÃO ABRA MÃO DOS SEUS SONHOS

SONHO X

151 Sonhe um sonho grande e impossível, transforme-o em um projeto e um propósito de vida, planeje, trace metas, trabalhe muito, mas muito mesmo, com força, determinação, compromisso, métodos e disciplina para concretizá-lo, e não tenha dúvidas de que o resultado será a vitória.

> **SINOPSE –** A realização dos seus sonhos está relacionada ao seu nível de esforço. Procrastine menos, faça mais, dedique-se mais, e, como consequência, realize mais.

SONHO XI

152 Indague-se diuturnamente qual o valor do seu sonho triunfal. Quando conseguir afirmar com segurança que seu valor é inestimável, esteja certo de que você dele não abrirá mão por nada neste universo, e lutará incessantemente, com todas as suas forças e energias até que consiga realizá-lo.

> **SINOPSE –** Quanto vale o seu grande sonho? Pergunto isto para poder reafirmar que aquilo que desejamos profundamente é impagável.

NÃO BOICOTE NÃO BOICOTE
SEUS SONHOS SEUS SONHOS
NÃO BOICOTE NÃO BOICOTE
SEUS SONHOS SEUS SONHOS
NÃO BOICOTE NÃO BOICOTE
SEUS SONHOS SEUS SONHOS
NÃO BOICOTE NÃO BOICOTE
SEUS SONHOS SEUS SONHOS

NÃO BOICOTE
SEUS SONHOS

NÃO BOICOTE NÃO BOICOTE
SEUS SONHOS SEUS SONHOS
NÃO BOICOTE NÃO BOICOTE
SEUS SONHOS SEUS SONHOS
NÃO BOICOTE NÃO BOICOTE
SEUS SONHOS SEUS SONHOS
NÃO BOICOTE NÃO BOICOTE
SEUS SONHOS SEUS SONHOS

SONHO XII

153 | Idealize sonhos grandes e utópicos que te façam acordar de madrugada. Faça deles não apenas seu despertador diário, mas o combustível que alimentará sua vida e sua alma até sua concretização vitoriosa.

> **SINOPSE -** O sonho é o combustível da nossa alma. É ele que nos faz percorrer uma longa jornada de aprendizado, cujo caminho até sua realização traz muitos ensinamentos, e sua concretização, felicidade plena.

SONHO XIII

154 | Viva intensamente sua vida para concretizar seus sonhos, jamais para assassiná-los, pois seus instintos de sabotagem nunca podem ser maiores nem mais importantes que eles.

> **SINOPSE -** Guie-se sempre pelo lado positivo da vida. Lute para alcançar seus sonhos, sem nunca os boicotar. Não deixe que os pensamentos negativos o impeçam de progredir!

USE OS "NÃOS" COMO
DEGRAUS PARA
SUA SUBIDA

RESISTÊNCIA

155 Quantos "nãos" você está disposto a ouvir para alcançar seu desiderato e conquistar seus propósitos? Até atingi-los, você os ouvirá dezenas, centenas ou até milhares de vezes. Entretanto, serão eles que o fortalecerão para a conquista do triunfo almejado.

SINOPSE - Os "nãos" e o fracasso são grandes professores da vida. É com eles que crescemos, aprendemos, nos desenvolvemos e nos tornamos mais fortes. É a velha história de transformar as pedras do caminho em degraus.

RECONHECIMENTO II

156 Todos iremos morrer. Esta é a única certeza da vida. Por isso, faça valer todas as dádivas que Deus lhe concede diariamente para que tenha uma caminhada abençoada e cheia de conquistas. Viver é algo valioso, não desperdice isto.

SINOPSE - Enquanto você não mudar sua linha de pensamento e entender que a vida é uma grande oportunidade de colocar em prática todos os anseios do coração, as semanas continuarão sendo um conjunto de dias sem importância. Reflita sobre isto e faça do hoje um dia melhor do que o ontem, e o amanhã, melhor que o hoje.

SEJA UM CAMPEÃO, NÃO SEJA UM CAMPEÃO, NÃO
DESISTA NUNCA DESISTA NUNCA
SEJA UM CAMPEÃO, NÃO SEJA UM CAMPEÃO, NÃO
DESISTA NUNCA DESISTA NUNCA
SEJA UM CAMPEÃO, NÃO SEJA UM CAMPEÃO, NÃO
DESISTA NUNCA DESISTA NUNCA
SEJA UM CAMPEÃO, NÃO SEJA UM CAMPEÃO, NÃO
DESISTA NUNCA DESISTA NUNCA
SEJA UM CAMPEÃO, NÃO SEJA UM CAMPEÃO, NÃO
DESISTA NUNCA DESISTA NUNCA

SEJA UM CAMPEÃO, NÃO
DESISTA NUNCA

SEJA UM CAMPEÃO, NÃO SEJA UM CAMPEÃO, NÃO
DESISTA NUNCA DESISTA NUNCA
SEJA UM CAMPEÃO, NÃO SEJA UM CAMPEÃO, NÃO
DESISTA NUNCA DESISTA NUNCA
SEJA UM CAMPEÃO, NÃO SEJA UM CAMPEÃO, NÃO
DESISTA NUNCA DESISTA NUNCA
SEJA UM CAMPEÃO, NÃO SEJA UM CAMPEÃO, NÃO
DESISTA NUNCA DESISTA NUNCA
SEJA UM CAMPEÃO, NÃO SEJA UM CAMPEÃO, NÃO
DESISTA NUNCA DESISTA NUNCA

157 JORNADA

Até conquistar a vitória, todo campeão trilha uma longa jornada de renúncias, dedicação, lutas e frustrações. Entretanto, nada faz com que ele desista. Enfrente as adversidades cotidianas pensando como um campeão, pois a vitória só é alcançada por aqueles que jamais desistem.

SINOPSE – Você precisa pensar e agir, e até se transformar em um campeão para que, com isso, receba os prêmios que só os campeões recebem.

158 MENTORES

Não maldiga as pedras, os obstáculos e as adversidades que surgirão em sua caminhada diária, pois eles são os melhores mentores da sua vida e sempre lhe informarão se está no prumo certo. Eles servirão para nortear o melhor destino da sua jornada, pois são responsáveis pela transformação do seu destino.

SINOPSE – Desafios não vão faltar. Mas saiba que todas as dificuldades impostas trazem consigo verdadeiras lições. Tudo serve como aprendizado.

OS GRANDES ENSINAMENTOS
VÊM DOS MOMENTOS
DIFÍCEIS

SEGREDO

159

Todos desejam trilhar o caminho do sucesso e da prosperidade, mas a maioria se esquece das pedras, dos obstáculos e das adversidades que existem nele. O segredo da conquista não está em apenas desejar alcançá-la, mas, sim, em enfrentar com ousadia, determinação, persistência, obstinação, foco, paciência, sabedoria e iluminação divina tudo o que o triunfo traz consigo.

SINOPSE – Alcançar aquilo que tanto se deseja requer passar por um processo de lapidação. O caminho do sucesso traz consigo muitos ensinamentos, e o resultado só chega para aqueles que realmente estão dispostos a aprender.

FORÇA

160

A verdadeira prova do tamanho de nossa força e da grandeza de nossa resiliência só ocorre por ocasião do enfrentamento dos obstáculos e das adversidades que surgem cotidianamente. É no confronto dessas dificuldades que aprendemos, crescemos e evoluímos, pois, assim como os músculos, crescemos e nos fortalecemos com as dores e agruras da vida.

SINOPSE – Esperar crescer no conforto é uma grande ilusão. Os momentos difíceis sempre trazem grandes lições e são nossos maiores professores. Não tenha dúvida disto!

MANTENHA O CONTROLE SOBRE
SUAS EMOÇÕES

EQUILÍBRIO II

161 Nosso equilíbrio emocional não pode depender de fatores externos, mas apenas de nós mesmos. Logo, mister se faz trabalhar nossa mente para termos autocontrole, haja vista que o sucesso e a felicidade são, acima de tudo, um estado de controle e desenvolvimento mental.

SINOPSE – Blinde seus pensamentos e aprenda a fazer filtros. Só assim controlará o que sente e, por consequência, como age.

JAMAIS DESISTIR

162 Muitos desistem de seus propósitos momentos antes da sua concretização. Um grande princípio que todos devem cultivar em suas vidas é "jamais desistir". O momento da desistência de um sonho pode ser o ponto exato do seu triunfo. Logo, se tiver de desistir, só desista de ser medíocre.

SINOPSE – Por mais difícil que seja o momento, jamais desista. Tudo pode acontecer, inclusive nada. Quando você desiste de algo importante na sua vida, desiste de tudo o que surgiria como consequência daquele ato caso fosse realizado.

VALORIZE SEU
PRÓXIMO

RESPEITO

163 Tenha respeito e sempre valorize as pessoas. Os seres humanos são os elementos mais importantes e valiosos deste universo. São eles os únicos seres capazes de ser criativos e inovadores e que, com sentimentos e compaixão, podem transformar o mundo para melhor.

SINOPSE – Investir e acreditar no capital humano são nosso dever. Precisamos despertar o melhor que as pessoas podem oferecer; afinal, pessoas motivadas, empenhadas e esforçadas são capazes de criar e realizar qualquer coisa.

COMPARTILHAR

164 Aprenda a compartilhar conhecimento com o próximo. Divida com seus semelhantes as dádivas, sabedorias e graças de Deus. Isto o fortalecerá, lhe dará nobreza e contribuirá, sobremaneira, para o engrandecimento universal.

SINOPSE – Tudo que é concentrado demais traz efeitos não satisfatórios. O conhecimento é um bem que, quanto mais compartilhado, menos se esgota. Dividir nossas intelectualidades nos torna ainda mais dignos de ampliar nosso conhecimento.

VOCÊ É SUA
MOTIVAÇÃO DIÁRIA

PROPÓSITO

165 Hoje, ao acordar, olhe para o seu eu, sinta seu coração pulsar e grite alto e em bom som seu real e nobre propósito de vida. Após o grito, reúna forças e comece a lutar, sem cessar, diuturnamente, e a iluminação divina universal conspirará a seu favor para alcançá-lo.

> **SINOPSE –** Se você não tiver sonhos e paixões que o deixem inquieto e alimentem rotineiramente sua vida, dificilmente você terá o combustível para encarar o novo dia que trará novas oportunidades para sua vida. Escute sua voz interior e não pense duas vezes para agir. Comece com fé e iluminação divina e a força do universo o ajudará.

MENTALIDADE

166 Pessoas de mentalidades vencedoras pensam a longo prazo. As de mentalidades perdedoras, a curto prazo. As primeiras constroem pirâmides sobre bases profundas e rochosas. As segundas, castelos sobre alicerces movediços.

> **SINOPSE –** Como você tem planejado seu futuro? Tem ao menos planejado? Este é um passo importante para alcançar o sucesso e a prosperidade. Não deixe a vida levá-lo, mas leve a vida sempre rumando em direção aos seus propósitos. Ousadia, foco, determinação, muito trabalho e concentração mental e seus objetivos serão alcançados.

CRIE, INOVE
E REALIZE

VIÉS CRIATIVO

167 O ser humano, por essência, tem um viés criativo e inovador. Compete a você extrair esse viés do interior de suas entranhas. Não perca tempo com coisas fúteis, direcione toda sua energia para explorar sua criatividade e senso inovador. O mundo pertence aos criativos e inovadores, não aos letárgicos.

> **SINOPSE –** Sabe o que todo novo dia exige de nós? Nosso potencial máximo, ousado, criativo e inovador. Solte-o, independentemente de qualquer coisa. O sucesso da sua trajetória de vida depende disso.

MENTALIDADE II

168 Lembre-se sempre da velha máxima universal: "Pensamentos e sentimentos constroem a realidade" (AD), pois você só atrai aquilo que mentaliza. Logo, tenha sempre em mente apenas coisas majestosas, nobres, agradáveis, benéficas, grandiosas e positivas que possam beneficiá-lo e a seus semelhantes.

> **SINOPSE –** Tudo aquilo que você mentalizar construir ou conquistar é possível desde que haja atitudes voltadas para tanto. Entretanto, avalie se a realização deste seu desejo beneficiará outras pessoas também. Qualquer que seja o êxito, ele deve ser compartilhado e utilizado para beneficiar todos ao seu redor.

OS ERROS SÃO OS MAIORES
PROFESSORES

CRESCIMENTO

169 Os erros e fracassos pelos quais você passar estão inextricavelmente vinculados ao seu crescimento pessoal e profissional, pois se constituem o maior professor do universo. Entretanto, aprenda com eles, e não permita que virem hábitos.

SINOPSE – Não tenha medo de errar. É errando que se aprende. Ouvimos isso desde pequenos, certo? Só não dá para deixar que os erros se repitam. Aprenda com eles e faça deles oportunidades de crescimento.

SONHO XIV

170 Vencedores sonham sonhos grandiosos, transformam-nos em propósitos de vida, traçam metas e, com muita determinação, trabalho e foco, despendem a energia necessária para concretizá-los. Perdedores idealizam projetos minúsculos e esperam que Deus os ajudem a realizá-los.

SINOPSE – Você quer ser um vencedor ou perdedor na vida? É melhor escolher a primeira opção. Não é fácil, mas o resultado é muito recompensador.

SONHAR FAZ BEM SONHAR FAZ BEM
E MANTÉM A MENTE E MANTÉM A MENTE
SAUDÁVEL SAUDÁVEL
SONHAR FAZ BEM SONHAR FAZ BEM
E MANTÉM A MENTE E MANTÉM A MENTE
SAUDÁVEL SAUDÁVEL

SONHAR FAZ BEM
E MANTÉM A MENTE
SAUDÁVEL

SONHAR FAZ BEM SONHAR FAZ BEM
E MANTÉM A MENTE E MANTÉM A MENTE
SAUDÁVEL SAUDÁVEL
SONHAR FAZ BEM SONHAR FAZ BEM
E MANTÉM A MENTE E MANTÉM A MENTE
SAUDÁVEL SAUDÁVEL

SONHO XV

171 Nutra diuturnamente seus grandiosos sonhos e ideais com os fertilizantes da concretização da vitória, pois "sonhos assemelham-se às plantas"; enquanto estas dependem diariamente de água, sol e adubo, aqueles necessitam de propósitos, inspiração, motivação, compromisso, disciplina e muito trabalho.

> **SINOPSE –** Sua mente precisa de estímulo. Se você desejar algo, mas não alimentar seus pensamentos com doses diárias de dedicação, foco, ação e otimismo, seu cérebro perderá energia e você não terá fôlego para continuar.

SONHO XVI

172 Não tenha medo de sonhar sonhos impossíveis e de lutar para realizá-los, pois "numa mente farta de medos não sobram espaços para sonhos" (AD). A verdadeira existência próspera só começa quando controlamos nossos medos, ambicionamos grandes sonhos e batalhamos para o êxito.

> **SINOPSE –** Quando você aprender a controlar e vencer seus medos, aí, sim, conseguirá ambicionar grandes sonhos. É que o medo aprisiona, não o deixa seguir em frente. Portanto, não lhe dê espaço!

ENFRENTE SEUS
MEDOS

MEDO II

173 Felizmente os "medos", grandes ou pequenos, sempre estarão presentes nos grandes eventos da nossa existência. Entretanto, para nós, eles são de importância capital, pois servem "de alerta" para que nos preparemos previamente, mais e melhor, para enfrentarmos as grandes lutas e desafios da nossa jornada. Quem não tem nenhum medo se torna um imprudente.

SINOPSE – Lembrem-se do lendário Ayrton Senna: "O medo faz parte da vida da gente. Algumas pessoas não sabem como enfrentá-lo, outras – acho que estou entre elas – aprendem a conviver com ele e o encaram não como uma coisa negativa, mas como um sentimento de autopreservação".

MEDO III

174 As pessoas vencedoras também têm medos e, sobretudo, os respeitam muito. Entretanto, jamais permitem que atrapalhem suas jornadas, pois, para elas, é preciso seguir sempre avante a íngreme escalada da montanha do sucesso e do triunfo.

SINOPSE – É preciso superar os medos, ser forte, destemido e focado para escalar a montanha do sucesso. Você não vai chegar ao topo se mentalmente não domesticar seus medos.

PLANTE PARA
COLHER

PLANTE PARA
COLHER

PLANTE PARA
COLHER

PLANTE PARA COLHER

PLANTE PARA
COLHER

PLANTE PARA
COLHER

PLANTE PARA
COLHER

MEDO IV

175 É de primordial importância distinguirmos a existência de "pânico" e "medo" em nossas vidas. "Medo é um estado de alerta", imprescindível para fazer que nos preparemos aprioristicamente da melhor maneira possível para enfrentar nossos desafios. Pânico consiste no "excesso de medo", que pode paralisar nosso cérebro e nosso corpo e nos impedir de, efetivamente, realizarmos aquilo que nos predispusemos a concretizar.

> **SINOPSE –** Medo é um sensor de alerta. Ele é fundamental para avisar os riscos que o caminho apresenta e até onde é possível chegar. Desta forma, é fundamental na construção de uma trajetória de sucesso. Já o pânico, este cria um bloqueio que não permite que o próximo passo seja dado.

QUANTIDADE

176 Nunca se esqueça de que é a atividade firme, diligente, incessante, compromissada e disciplinada das suas ações que concretizará seus grandes e impossíveis sonhos, pois a "distância entre você e a realização deles consiste na quantidade de energia que você dispende para alcançá-los" (AD).

> **SINOPSE –** As oportunidades não brotam do nada, elas são detectadas pela eficácia das nossas atitudes. Se você deseja colher, antes é preciso plantar; são os nossos movimentos que geram os frutos, não a paralisação.

SEJA FLEXÍVEL SEJA FLEXÍVEL
SEJA FLEXÍVEL SEJA FLEXÍVEL
SEJA FLEXÍVEL SEJA FLEXÍVEL
SEJA FLEXÍVEL SEJA FLEXÍVEL
SEJA FLEXÍVEL SEJA FLEXÍVEL
SEJA FLEXÍVEL SEJA FLEXÍVEL
SEJA FLEXÍVEL SEJA FLEXÍVEL
SEJA FLEXÍVEL SEJA FLEXÍVEL

SEJA FLEXÍVEL

SEJA FLEXÍVEL SEJA FLEXÍVEL
SEJA FLEXÍVEL SEJA FLEXÍVEL
SEJA FLEXÍVEL SEJA FLEXÍVEL
SEJA FLEXÍVEL SEJA FLEXÍVEL
SEJA FLEXÍVEL SEJA FLEXÍVEL
SEJA FLEXÍVEL SEJA FLEXÍVEL
SEJA FLEXÍVEL SEJA FLEXÍVEL
SEJA FLEXÍVEL SEJA FLEXÍVEL

PRAZO

177

É importante estipularmos tempo e traçarmos metas para a realização dos nossos sonhos e utopias, e, com métodos, disciplina e muito trabalho, tentar cumpri-las para concretizá-los. Entretanto, a fixação de prazos irretratáveis e irrevogáveis pode ser frustrante. Logo, jamais fixe estes tipos de prazos para o cumprimento dos seus sonhos. Seja tolerante e flexível, pois o importante é nunca desistir.

SINOPSE – É preciso ter muita sabedoria para saber diferenciar a hora de desistir e de prosseguir. No entanto, não permita que os obstáculos e as adversidades o levem para o caminho da desistência. Antes de tudo, esgote as oportunidades e dê o seu máximo. O fim só chega quando não existem mais alternativas.

SONHO XVII

178

Eu sou um homem que sonha muitos sonhos. É que o "homem de um sonho só é pobre de espírito e de espírito pobre" (AD). Nasci para sonhar muitos sonhos, e venho, ao longo da minha existência, sonhando vários, realizando muitos, tentando outros e uns poucos restam guardados no tempo que se encerra sob minha lápide, mas jamais cessarei de sonhar.

SINOPSE – Eu sempre gosto de tratar meus muitos sonhos como propósitos reais de vida. E vivo correndo atrás deles para efetivá-los. Sonhar e não correr atrás para realizar faz com que nada tenha sentido nas nossas vidas. Por isso reforço: Sonhar é vital, e a realização dos sonhos deve ser primordial.

SIGA ALÉM DA SUA
IMAGINAÇÃO

SONHO XVIII

179 Eu sou um homem que sonho sonhos impossíveis, pois "só o impossível é digno de ser sonhado. O possível colhe-se facilmente no solo fértil de cada dia" (AD). Refiro-me a sonhos grandiosos, no entanto, viáveis, exequíveis e realizáveis para meu espírito.

> **SINOPSE –** Sonhar é essencial na vida de qualquer ser humano. Porém, além de sonhar, é importante sonhar grande, acreditar e ter confiança na sua capacidade de realização.

PROPÓSITO II

180 Tenha em mente apenas grandes propósitos. Aponte para as estrelas e alcance Marte. Você só não irá além daquilo que imagina.

> **SINOPSE –** Aprenda a pensar grande, a ter ousadia e a arriscar. Só os desbravadores são os que conseguem chegar ao topo. Por isso, não espere conquistar coisas grandiosas pensando pequeno.

PENSE GRANDE
PARA CONQUISTAR
ALGO MAIOR

SONHO XIX

181 Todos os nossos sonhos grandes e impossíveis podem se tornar realidade se acreditarmos e tivermos ousadia, coragem, determinação, persistência, obstinação e paciência para persegui-los. Basta ter fé que o impossível se torna possível.

SINOPSE - Todos os dias o universo nos concede a maravilhosa oportunidade de realizar nossos sonhos. Mas, para isso, precisamos pular da cama, traçar metas, idealizar projetos, pensar constantemente na realização do que se deseja e não sossegar até que tudo se torne realidade.

DEDICAÇÃO IV

182 Já foi asseverado por um sábio que "o impossível sempre é feito de pequenas partes possíveis". Ao se dedicar diuturnamente, de forma árdua e extenuante, a cada parte possível, a consequência será conquistar o que se chama de impossível.

SINOPSE - Não adianta querer fazer tudo de uma vez. No final você se frustrará, pois o resultado não será satisfatório. Sendo assim, não queira fazer tudo ao mesmo tempo desperdiçando energia e esperando resultados rápidos. Faça uma coisa de cada vez, pois, ao final, aquilo que parecia difícil ou impossível torna-se plenamente possível.

A SUA META DE A SUA META DE
CADA DIA CADA DIA
A SUA META DE A SUA META DE
CADA DIA CADA DIA
A SUA META DE A SUA META DE
CADA DIA CADA DIA
A SUA META DE A SUA META DE
CADA DIA CADA DIA

A SUA META DE
CADA DIA

A SUA META DE A SUA META DE
CADA DIA CADA DIA
A SUA META DE A SUA META DE
CADA DIA CADA DIA
A SUA META DE A SUA META DE
CADA DIA CADA DIA
A SUA META DE A SUA META DE
CADA DIA CADA DIA

EXECUÇÃO

183 Materialize seus sonhos traçando metas e realizando-as. As de longo prazo devem ser cumpridas pela soma de inúmeras outras de curto e médio prazos. Procure executar com maestria a meta de cada dia, dia após dia, até a maior delas, considerada seu propósito de vida. Para se conquistar o amanhã é preciso, primeiro, viver intensamente o hoje.

SINOPSE – Um passo por vez. Apenas assim é possível completar todo o caminho. O caminho é longo, mas é possível de ser trilhado, desde que passo a passo. Basta ter coragem, determinação, paciência e foco.

PENSAR GRANDE

184 A prosperidade está inextrincavelmente vinculada ao pensar grande. Assim, sempre imagine conquistar coisas grandiosas. Queira ser "Alexandre, o Grande", nunca "Alexandre, o Médio", e jamais "Alexandre, o Pequeno". Ao desejar coisas grandes e agir para conseguir, você pode não conquistar tudo o que pensa, mas o pouco que obtiver já será enorme.

SINOPSE – Já que pensar grande e pensar pequeno dá o mesmo trabalho, porque continuar pensando de maneira modesta?

VOCÊ SERÁ O QUE DESEJA SER

GRANDEZA

185

O "pensar pequeno", além de despender a mesma energia que o "pensar grande", não fará de você um vencedor. Com efeito, jamais tenha medo de grandeza. Pense alto, pense longe, olhe sempre além do horizonte. Objetive o céu, e ao menos as estrelas alcançará.

SINOPSE – Imaginar conquistar coisas grandiosas, o chamado "pensar grande", é o segredo para conquistar o universo. Não importa o que queira conquistar, tenha sempre em mente grandes objetivos em sua vida, e comece a agir, passo a passo, em direção a eles, e no final o resultado será a conquista.

PENSAMENTO

186

As pessoas vencedoras pensam grande e longe. As perdedoras, pequeno e perto. São máximas universais que "só conquistamos aquilo que verdadeiramente almejamos", pois "só nos tornamos aquilo em que acreditamos".

SINOPSE – Mesmo que você não tenha condições no momento para realizar grandes coisas, tenha seu pensamento sempre voltado para grandes conquistas. Esta será a motivação para que você possa alcançar feitos grandiosos.

COLOQUE SUA MENTE
À FRENTE DO
SEU CORPO

OUSADIA

187 Seja ousado. Arrisque-se a ir longe o bastante até descobrir onde é possível chegar. Acredite que será possível chegar às estrelas, pois "nosso corpo só realiza aquilo que nossa mente acredita".

SINOPSE – Nossa mente possui uma força muito poderosa, por isso sempre escutamos por aí que somos o que pensamos. Se você pensa que é um fracassado, mesmo sem perceber agirá como um. Se você se coloca na posição de vítima sempre, claro que também acreditará que é uma vítima das situações difíceis. Da mesma maneira acontece com os pensamentos positivos de que é possível construir grandes obras. Pense como um vencedor, e, é claro, você será um.

ALVO

188 Há um antigo ditado que diz que se mirarmos as estrelas e atirarmos, será muito fácil atingirmos a lua. Os vencedores miram sempre as estrelas. No entanto, os perdedores não atiram nem no telhado da sua própria casa. Depois, lamuriam, perguntando por que não acertam sequer na cumeeira.

SINOPSE – Não tenha medo de apostar, arriscar e empreender grandes esforços para materializar seus sonhos. Mas, mister se faz preparar-se previamente, em especial o corpo, a mente e principalmente o espírito. O céu não é o limite para quem pensa grande.

DESEJE SER
ESCOLHIDO

189 SUCESSO E GRANDEZA

Muitos asseveram que o sucesso e a grandeza existem apenas para aqueles que são considerados os "escolhidos". Entretanto, afirmo, com base em minha própria experiência de vida e trajetória profissional, que o sucesso e a grandeza existem para aqueles que desejam e lutam constantemente para ser grandes e se propõem a ser gigantes.

SINOPSE – Se você quer sucesso, esteja disposto a persegui-lo cavalgando por longos caminhos espinhosos com determinação, compromisso, disciplina, empenho e muito trabalho. Não há "sorte" no mundo que o faça progredir tanto quanto o esforço. Sem esforço obstinado não haverá prosperidade.

190 SONHO XX

Na caminhada rumo ao triunfo e ao apogeu, sonhe grande e alto, sem jamais perder o foco do seu grandioso propósito. Sonhar pequeno e fazer diversas coisas ao mesmo tempo, além de exigir o mesmo esforço, consome sua energia e o desvia do seu principal desiderato. Queira ser leão, jamais pato. Pato anda, corre, nada e voa, tudo muito mal.

SINOPSE – Pessoas bem-sucedidas são aquelas que conseguem manter a atenção e o foco concentrados em algo grandioso. Foco não é uma característica inerente ou inata ao ser humano, mas pode ser desenvolvida e adquirida com o tempo, desde que haja prática e força de vontade.

COMECE
A SUBIR

CAMINHADA II

191 Conduza as cargas e os fardos que você escolheu carregar em sua vida, no afã de materializar seus grandes sonhos, da maneira mais sublime e aprazível possível, norteando-se sempre pela filosofia de Nietzsche, que, ao ser indagado sobre o melhor modo de subir certa montanha, respondeu: "Sobes sempre e não penses nisso".

SINOPSE – Se você parar para se lamentar pelas dificuldades e obstáculos que a vida lhe impõe, dificilmente alcançará seus objetivos. Por isso, como sugere Nietzsche, meta a cara sem pensar, siga sempre em frente, avante, sempre avante, pois você não caminha para trás, mas para a frente, com determinação e sem lamúrias. Apenas vá, sempre com a cabeça erguida! Determinação e força de vontade são fundamentais na vida.

CORAGEM E OUSADIA

192 Tenha ousadia e coragem e faça o que precisa ser feito! Não pense nas consequências. Lembre-se dos brocardos universais: "o feito é melhor que o perfeito" e "o bom é inimigo do ótimo". Assim, é melhor se pôr em ação, começar sua criação, mesmo que esta não seja perfeita e ótima.

SINOPSE – Se você tem um sonho não hesite, lute sem medo para materializá-lo. Coragem é um dos principais atributos das pessoas vencedoras. O tempo nos ensina que se manter em movimento constante criando coisas e mudando destinos é uma das principais características dos triunfadores.

MATERIALIZE SEUS MATERIALIZE SEUS
SONHOSSONHOS
MATERIALIZE SEUS MATERIALIZE SEUS
SONHOSSONHOS
MATERIALIZE SEUS MATERIALIZE SEUS
SONHOSSONHOS
MATERIALIZE SEUS MATERIALIZE SEUS
SONHOSSONHOS

MATERIALIZE SEUS
SONHOS

MATERIALIZE SEUS MATERIALIZE SEUS
SONHOSSONHOS
MATERIALIZE SEUS MATERIALIZE SEUS
SONHOSSONHOS
MATERIALIZE SEUS MATERIALIZE SEUS
SONHOSSONHOS
MATERIALIZE SEUS MATERIALIZE SEUS
SONHOSSONHOS

SONHO XXI

193 | Sonhe, idealize e brigue para materializar seus grandes e impossíveis sonhos e conviva muito bem com isso, pois, segundo o adágio popular, "as cargas que escolhemos não pesam em nossas costas".

SINOPSE – O que existe em sua vida só existe por escolha sua, seja para o bom ou para o ruim. Logo, tudo o que você tem só veio como resultado das suas ações. Reflita sobre isso e se policie para não atrair coisas ruins.

SONHO XXII

194 | Como bem enfatizou Carlos Drummond de Andrade, "tenho apenas duas mãos e todo sentimento do mundo". Sonhe e lute para, também com suas mãos e seu coração, materializar seus sonhos, sobretudo com muito sentimento, sensibilidade, benquerença, compaixão, ética e muito amor, pois, aqui na terra, de nada adianta ter se, antes, não se viver com muito amor.

SINOPSE – Nosso esforço precisa estar atrelado a nossas emoções, nossos desejos mais profundos... Isto, porque nossa motivação só consegue sobreviver quando nossa mente está direcionada para aquilo que sentimos e queremos!

TENHA FOME POR
CONQUISTAS

SONHO XXIII

195 | Sonhe, decida, busque motivação e aja de forma ousada, destemida, destemerosa e determinada a concretizar seu sonho, pois, segundo Anthony Robbins, "determinação é o toque de despertar para a vontade humana".

SINOPSE – Se você está em busca de materializar um sonho, não desista nunca até concretizá-lo. Seja determinado e empenhe-se ao máximo no seu propósito, e o resultado com certeza virá. Só não deixe que as dificuldades tirem sua motivação e o façam desistir.

SUPERAÇÃO II

196 | Para ser um vencedor, um verdadeiro triunfador, esteja sempre faminto por conquistas e vitórias, e batalhe com coragem, determinação e obstinação, superando o limite da sua capacidade, pois a vitória e a derrota são gêmeas siamesas. Como corolário, citamos os esportes de alta competitividade, nos quais milésimos de segundo fazem a diferença entre o sonho e a realidade.

SINOPSE – Se você deseja vencer, tenha em mente que sua dedicação deve ser sempre superada, dia após dia, transformada em obstinação. Idealize, planeje, foque e execute, fazendo o impossível e dando o seu máximo. Não adianta apenas sonhar e fazer o possível.

SEJA PERSEVERANTE EM BUSCA DO QUE ACREDITA

SUPERAÇÃO III

197 Seja sempre determinado, decidido, ousado, audaz e intrépido em seus propósitos de vida, e tenha muita persistência, perseverança e obstinação. Só assim será um superador de adversidades e triunfarás.

SINOPSE – Supere suas adversidades; apenas você tem este poder. Mude a maneira de encarar os problemas, olhe as lições que situações adversas trazem e aprenda com elas.

SUPORTAR

198 Seja persistente, perseverante e obstinado para conquistar seus ideais, pois o que separa os bem-sucedidos dos malsucedidos é a capacidade de suportar as desventuras, os infortúnios e a constância em prosseguir, haja vista que "água mole em pedra dura tanto bate até que fura".

SINOPSE – O que mede a sua força não é apenas a capacidade física, mas também o quanto você resiste aos desafios. Pessoas bem-sucedidas não desistem, não fraquejam nem se vitimizam. Elas usam sua força mental para se tornar um verdadeiro escudo.

NUNCA PARE, SIGA NUNCA PARE, SIGA
EM FRENTE EM FRENTE
NUNCA PARE, SIGA NUNCA PARE, SIGA
EM FRENTE EM FRENTE
NUNCA PARE, SIGA NUNCA PARE, SIGA
EM FRENTE EM FRENTE

NUNCA PARE, SIGA
EM FRENTE

NUNCA PARE, SIGA NUNCA PARE, SIGA
EM FRENTE EM FRENTE
NUNCA PARE, SIGA NUNCA PARE, SIGA
EM FRENTE EM FRENTE
NUNCA PARE, SIGA NUNCA PARE, SIGA
EM FRENTE EM FRENTE

MOVIMENTO

199

Já foi vaticinado por Confúcio que "não importa o quão devagar você caminhe, desde que você não pare". Assim, siga sempre e sem cessar o caminho árduo da montanha da inspiração e da transpiração vitoriosa, pois aquele que não batalha pelo seu próprio futuro "tem que aceitar o futuro que lhe vier" (AD).

SINOPSE – O importante na sua jornada para o triunfo é manter-se em constante movimento proativo. Não hesite, nunca pare e jamais pense em dar meia-volta e retornar. Tenha sempre em mente que a vitória só beija aqueles que a conquistam com sangue suor e lágrimas.

DISTINÇÃO

200

Na cavalgada da estrada da vida jamais confunda "persistência", "permanência" e "teimosia". "Persistência" é a insistência esforçada em realizar algo grandioso modelando-se pelos paradigmas vitoriosos. "Permanência" consiste na decisão apenas mental, mas inerte e letárgica em construir algo. "Teimosia" é a insistência atabalhoada para realizar determinada coisa. Portanto, seja persistente, jamais permanente ou teimoso.

SINOPSE – Na vida, o tamanho da sua teimosia define o tempo para conquistar o que a sua persistência pretende. Saiba diferenciar e eliminar os hábitos que anulam o que seu esforço deseja alcançar.

SEJA PACIENTESEJA PACIENTE
E CUIDADOSOE CUIDADOSO
SEJA PACIENTESEJA PACIENTE
E CUIDADOSOE CUIDADOSO
SEJA PACIENTESEJA PACIENTE
E CUIDADOSOE CUIDADOSO
SEJA PACIENTESEJA PACIENTE
E CUIDADOSOE CUIDADOSO

SEJA PACIENTE
E CUIDADOSO

SEJA PACIENTESEJA PACIENTE
E CUIDADOSOE CUIDADOSO
SEJA PACIENTESEJA PACIENTE
E CUIDADOSOE CUIDADOSO
SEJA PACIENTESEJA PACIENTE
E CUIDADOSOE CUIDADOSO
SEJA PACIENTESEJA PACIENTE
E CUIDADOSOE CUIDADOSO

SUPERPODERES

201 Seja persistente, perseverante e até obstinado para superar suas adversidades e transformar seus sonhos e utopias em realidade. Mas sem pressa, sem afobação nem precipitação. Pela "lei espiritual do menor esforço", a calma, a tranquilidade e a paciência constituem-se verdadeiros "superpoderes". Basta observar a lua, que se move devagar, em velocidade constante, e circunda o mundo milhões de vezes.

SINOPSE – A sabedoria da idade nos faz mais resistentes, o que implica ter o entendimento necessário sobre quando é preciso desacelerar e viver com paciência, calma e tranquilidade. Observe os sinais que o rodeiam. Veja a serenidade do balançar das folhas de uma árvore, o sossego da correnteza das águas de um rio, a quietude dos campos silvestres etc.

CALMA E PACIÊNCIA

202 Tenha sempre grandes reservas de calma e paciência, pois estas são "poderes extraordinários". Primeiro você precisa se dominar, para então dominar o mundo. Como ensinou Baltasar Gracián, "nunca se afobe ou dê vazão às emoções. A muleta do tempo é mais poderosa que a Clava de Aço de Hércules. Um lema grandioso: apressar-se devagar".

SINOPSE – Sei que vivemos em um mundo muito "corrido", mas não podemos nos deixar levar por essa onda de imediatismo e impaciência. Na jornada em busca do sucesso há que se trabalhar diuturnamente, mas sempre com calma, tranquilidade e, sobretudo, paciência, pois a perda da paciência pode fazer com que a pessoa desista de seus propósitos de vida.

SEJA OTIMISTA O SEJA OTIMISTA O
TEMPO TODO TEMPO TODO
SEJA OTIMISTA O SEJA OTIMISTA O
TEMPO TODO TEMPO TODO
SEJA OTIMISTA O SEJA OTIMISTA O
TEMPO TODO TEMPO TODO
SEJA OTIMISTA O SEJA OTIMISTA O
TEMPO TODO TEMPO TODO

SEJA OTIMISTA O
TEMPO TODO

SEJA OTIMISTA O SEJA OTIMISTA O
TEMPO TODO TEMPO TODO
SEJA OTIMISTA O SEJA OTIMISTA O
TEMPO TODO TEMPO TODO
SEJA OTIMISTA O SEJA OTIMISTA O
TEMPO TODO TEMPO TODO
SEJA OTIMISTA O SEJA OTIMISTA O
TEMPO TODO TEMPO TODO

203 PRESSA

A pressa é inimiga da conquista e "paixão dos tolos", pois temos o tempo a nosso favor. O "tempo e nós enfrentaremos quaisquer adversidades" (AD), uma vez que, na batalha da vida, é mais importante "a direção do que a pressa e a velocidade".

SINOPSE – "A pressa é inimiga da perfeição, porém a demora é inimiga do progresso!" Não devemos ter pressa para realizar nossas ações; entretanto, também não podemos agir com desleixo e preguiça a ponto de não fazermos o que tem que ser feito dentro da normalidade exigida.

204 OTIMISMO

Nunca se esqueça de que o mundo de conquistas pertence aos otimistas. Os pessimistas dificilmente serão prósperos e vitoriosos, pois são sempre meros coadjuvantes do sucesso dos otimistas. Logo, seja sempre otimista, pois o otimismo é a esperança de que "o melhor virá sempre".

SINOPSE – Mantenha sempre o otimismo na sua vida e você descobrirá que ela se tornará muito melhor. O pensamento positivo tem a capacidade de transformar o mundo. E para melhor.

ENXERGUE AS COISAS ENXERGUE AS COISAS
COM CRIATIVIDADE COM CRIATIVIDADE
ENXERGUE AS COISAS ENXERGUE AS COISAS
COM CRIATIVIDADE COM CRIATIVIDADE
ENXERGUE AS COISAS ENXERGUE AS COISAS
COM CRIATIVIDADE COM CRIATIVIDADE
ENXERGUE AS COISAS ENXERGUE AS COISAS
COM CRIATIVIDADE COM CRIATIVIDADE
ENXERGUE AS COISAS ENXERGUE AS COISAS
COM CRIATIVIDADE COM CRIATIVIDADE

ENXERGUE AS COISAS
COM CRIATIVIDADE

ENXERGUE AS COISAS ENXERGUE AS COISAS
COM CRIATIVIDADE COM CRIATIVIDADE
ENXERGUE AS COISAS ENXERGUE AS COISAS
COM CRIATIVIDADE COM CRIATIVIDADE
ENXERGUE AS COISAS ENXERGUE AS COISAS
COM CRIATIVIDADE COM CRIATIVIDADE
ENXERGUE AS COISAS ENXERGUE AS COISAS
COM CRIATIVIDADE COM CRIATIVIDADE
ENXERGUE AS COISAS ENXERGUE AS COISAS
COM CRIATIVIDADE COM CRIATIVIDADE

205 POSITIVIDADE

Encare qualquer coisa na vida sempre com otimismo e positividade. A mente positiva sempre o ajudará a fazer tudo muito melhor do que se estiver com o pensamento negativo. A positividade sozinha não leva você à vitória, mas, sem ela, o resultado será a derrota.

SINOPSE – Não é o problema que define a sua real situação, mas, sim, a maneira como você o encara. Sua maneira de enxergar as coisas pode definir como você irá superar os obstáculos que surgem. Tente ser otimista sempre.

206 PENSAMENTO POSITIVO

Ter pensamento positivo não é pensar de forma desvairada, achando que "milagres" vão acontecer e resolver todos os problemas da sua vida. É você quem deve fazer os seus milagres acontecerem, pois eles estão no fundo do seu coração. Seja os milagres da sua vida. Supere suas adversidades e materialize seus propósitos.

SINOPSE – Acredite na sua força e na sua capacidade de conquistar as coisas. O pensamento positivo resulta no empoderamento das suas ações, mas, para isto, você precisa primeiro acreditar e depois agir.

VEJA SEMPRE O LADO VEJA SEMPRE O LADO
BOM DAS COISAS BOM DAS COISAS
VEJA SEMPRE O LADO VEJA SEMPRE O LADO
BOM DAS COISAS BOM DAS COISAS
VEJA SEMPRE O LADO VEJA SEMPRE O LADO
BOM DAS COISAS BOM DAS COISAS
VEJA SEMPRE O LADO VEJA SEMPRE O LADO
BOM DAS COISAS BOM DAS COISAS
VEJA SEMPRE O LADO VEJA SEMPRE O LADO
BOM DAS COISAS BOM DAS COISAS

VEJA SEMPRE O LADO
BOM DAS COISAS

VEJA SEMPRE O LADO VEJA SEMPRE O LADO
BOM DAS COISAS BOM DAS COISAS
VEJA SEMPRE O LADO VEJA SEMPRE O LADO
BOM DAS COISAS BOM DAS COISAS
VEJA SEMPRE O LADO VEJA SEMPRE O LADO
BOM DAS COISAS BOM DAS COISAS
VEJA SEMPRE O LADO VEJA SEMPRE O LADO
BOM DAS COISAS BOM DAS COISAS
VEJA SEMPRE O LADO VEJA SEMPRE O LADO
BOM DAS COISAS BOM DAS COISAS

207

OTIMISMO II

Seja sempre otimista, haja vista que, por si só, nosso cérebro já possui um mecanismo chamado "viés otimista", com capacidade de elaborar estratégias que fazem que os neurônios tendenciem sempre ao otimismo, implicando sua propensão de sempre enxergar o amanhã como uma grande promessa.

> **SINOPSE –** Faça desta palavra – otimismo – a ordem do seu ano novo. Afaste os pensamentos negativos da sua mente e foque na positividade.

208

OTIMISMO E POSITIVIDADE

O otimismo e a positividade não são características intrínsecas e inerentes ao ser humano. São habilidades que podem ser desenvolvidas, adquiridas e assumidas como opção de vida. Desenvolva o otimismo e a positividade em você, pois farão que sua vida seja muito mais prazerosa e vitoriosa.

> **SINOPSE –** Seja otimista. Mesmo quando a situação não parecer favorável, pense positivamente. Só assim você conseguirá enfrentar os desafios que a vida lhe impuser. Não esmoreça jamais!

TENHA CONTROLE SOBRE
SUAS EMOÇÕES

CONQUISTA II

209 Jamais se esqueça de que a quantidade de conquistas em sua vida é diretamente proporcional ao controle de suas emoções. O atingimento da mais alta performance é uma consequência da sua capacidade de saber lidar com sua estabilidade emocional em momentos de grande pressão ou estresse.

SINOPSE – Você já parou para analisar que, por mais alto que seja o nível de estresse que determinada situação acarrete, o poder de controlá-lo só depende de você? No fim das contas, você é quem possui a chave da decisão e do controle; logo, faça tudo para controlar suas emoções. Mas é claro que esta atitude requer muita reflexão, autocontrole, autoconfiança e vontade de superar as dificuldades e evoluir. Desenvolva isto em você. Garanto-lhe que irá lhe trazer muitos benefícios.

AUTOCONTROLE II

210 Como quem manda na sua mente e nos seus pensamentos, positivos ou negativos, é você, jamais permita que pensamentos negativos permeiem sua mente e norteiem sua trajetória de vida. Qualquer pensamento negativo deve ser imediatamente substituído por um positivo que o beneficie e traga satisfação e prazer.

SINOPSE – Você tem o poder de fazer este filtro. Use-o para explorar apenas as coisas benéficas que a sua mente pode imaginar e criar, e não permita que coisas ruins naveguem por ela.

AFASTE-SE DOS MATADORES
DE SONHOS

PERMISSÃO

211 Jamais permita que sujeitos pessimistas e negativos, os chamados "matadores de sonhos", os "desaceleradores de pessoas", atrapalhem a materialização dos seus sonhos. São indivíduos que, por não terem coragem de sonhar, ousar, trabalhar e lutar, tentam convencê-lo de que você também não tem este direito. Afaste-se deles, ignore-os, pois é "necessário afastar-se dos pardais para começar a voar com as águias" (AD).

> **SINOPSE –** Afaste-se de quem não o ajuda a progredir. Desconfie sempre dos "amigos" que, por inveja ou incapacidade, não o ajudam a crescer. Essas pessoas apenas sugarão suas energias e o prenderão no lugar, por serem pequenas e mesquinhas. Queira por perto sempre aquelas que lhe fazem bem e o impulsionam a se desenvolver.

ENSINAMENTO

212 As águias têm muito a nos ensinar. Elas não têm medo de voar sozinhas e em grandes alturas. Isto nos ensina que temos que nos afastar de quem só quer nos empurrar para baixo. Aprendamos com elas, pois, "quando pessoas negativas começarem a sair das nossas vidas, coisas positivas começarão a chegar" (AD).

> **SINOPSE –** Para alcançar o sucesso, temos que fazer certas escolhas na vida. É importante saber quem ter ao nosso entorno, mantendo apenas as pessoas que colaboram com nosso progresso e nossa evolução. Evite pessoas negativas!

TENHA AUTOCONFIANÇA
EM TUDO QUE FAZ

ACREDITAR

213 Seja acelerador de pessoas, idealizador de sonhos e incentivador da sua realização, sempre com otimismo, positividade, autoestima, autocontrole e autoconfiança. Acredite em você, pois tudo que desejar na vida você alcançará, já que "querer é poder". "O pensamento positivo tem poder", mas o negativo também, daí ser muito mais inteligente e salutar pensar sempre positivamente.

SINOPSE – O pensamento positivo é o que nos move à frente. Ser positivo também influencia a vida das pessoas com quem nos relacionamos. Agindo assim seremos aceleradores de pessoas. Afastar a negatividade, de você e dos outros, o ajuda a alcançar seus sonhos. Por isso, pense sempre no melhor, pois no final tudo vai dar certo!

AUTOCONFIANÇA II

214 Para ser um vencedor em um mundo mutante e cada vez mais exigente, ter confiança em si mesmo, ou seja, ser autoconfiante em tudo o que fazemos, é uma das principais características que devemos desenvolver. Pessoas autoconfiantes acabam sendo mais influentes e poderosas, pois inspiram confiança e transmitem mais credibilidade.

SINOPSE – Não é fácil ser um vencedor, é verdade, mas também não é impossível para quem é determinado, persistente e, sobretudo, autoconfiante. Com autoconfiança, mantenha o foco no seu objetivo e vá galgando os degraus até sua realização plena. Um passo de cada vez, sem esmorecer jamais.

ACREDITE NO QUE VOCÊ
PODE REALIZAR

AUTOCONFIANÇA III

215 A autoconfiança é muito mais do que ter meros conhecimentos ou habilidades técnicas ou práticas, experiência de mercado etc. Trata-se de acreditar em si mesmo, no seu potencial e se saber capaz de alcançar seus objetivos e transformar seus sonhos em realidade.

SINOPSE – Ser autoconfiante é essencial para se desenvolver. Não falo de se gabar, ou ter uma imagem errada de si mesmo, mas de ter consciência das suas habilidades e competências e saber que é capaz de usá-las a seu favor. Não deixe que ninguém o menospreze.

AUTOCONFIANÇA IV

216 Autoconfiança é de extrema valia na vida do ser humano. Quanto mais autoconfiante ele se tornar, mais seguro será em seu ambiente laboral, na elaboração de seus projetos e na materialização dos seus sonhos. Logo, aprenda a cultivar esta virtude. Ignore críticas destrutivas e, com autoconfiança, foque no seu autodesenvolvimento pessoal e profissional. Desta forma, em pouco tempo você conquistará o progresso.

SINOPSE – Ser convicto das suas habilidades e da sua capacidade lhe permitirá trilhar a vida com passos largos. A compreensão das suas qualidades lhe renderá autoconfiança e, por consequência, mais garra para lutar pelos seus sonhos.

DESENVOLVA SUA
AUTOCONFIANÇA

AUTOCONFIANÇA V

217 Autoconfiança não é inata nem inerente ao ser humano. É uma característica que pode ser desenvolvida e adquirida. Pessoas autoconfiantes não recuam diante das adversidades e dos obstáculos que surgem em sua trajetória. Jamais desistem, mesmo quando tudo parece conspirar contra seus propósitos. Tomam para si a responsabilidade sobre seus atos e sempre reúnem forças para se reerguer e seguir avante.

SINOPSE - Você se considera autoconfiante? Para saber se realmente é, analise quais são suas atitudes diante dos problemas e das dificuldades da vida. Lembre-se de que nem todo mundo nasce autoconfiante. Entretanto, você pode desenvolver em si mesmo esta característica, basta querer e agir para adquirir.

AUTOCONFIANÇA VI

218 A importância da autoconfiança está na capacidade de um profissional sobressair-se em ambientes cada vez mais mutantes e competitivos, que exigem uma postura ativa e positiva, diferenciada daqueles que almejam alcançar o reconhecimento apenas pelas suas habilidades técnicas.

SINOPSE - Autoconfiança é mais do que uma habilidade técnica, é uma característica pessoal que pode ser adquirida. Assim sendo, adquira-a, pois é um diferencial competitivo no mercado de trabalho e essencial para o seu crescimento.

VÁ E NÃO
PEQUES MAIS

FRACASSO

219 O fracasso, como aprendizado, é o maior e melhor professor de toda a existência da humanidade. A história nos traz grandes exemplos de pessoas que falharam, mas, por serem determinadas, autoconfiantes, resilientes e jamais desistirem, chegaram ao topo. Abraham Lincoln perdeu várias eleições antes de se tornar presidente dos EUA. No início da carreira, os Beatles foram recusados pela gravadora Decca. Portanto, seja resiliente, jamais desista, e aprenda com os fracassos.

> **SINOPSE -** Ninguém gosta de falhar, fracassar. Mas é importante saber que os erros fazem parte da nossa trajetória e têm muito a nos ensinar. Em vez de se lamentar pelo fracasso, aprenda com ele e não peque mais!

VALORES III

220 Temos que cultivar e potencializar a positividade, o otimismo, a autoconfiança e a autoestima em nossas vidas. Mister se faz sair do óbvio, do padrão, da caixa, do lugar-comum e do piloto automático, e viver sempre com positividade, otimismo, autoconfiança e autoestima. O cultivo desses valores estimula nossa resiliência, eficiência e desempenho, levando-nos a níveis de vida extremamente elevados.

> **SINOPSE -** A experiência que é viver sempre será dotada de dois lados: o negativo e o positivo. Cabe a você escolher a qual lado deseja direcionar seu foco. Escolha aquele que o coloca para cima.

CONHECE-TE A TI MESMO CONHECE-TE A TI MESMO
CONHECE-TE A TI MESMO CONHECE-TE A TI MESMO
CONHECE-TE A TI MESMO CONHECE-TE A TI MESMO

CONHECE-TE A TI MESMO

CONHECE-TE A TI MESMO CONHECE-TE A TI MESMO
CONHECE-TE A TI MESMO CONHECE-TE A TI MESMO
CONHECE-TE A TI MESMO CONHECE-TE A TI MESMO

221 QUALIDADES E FRAQUEZAS

Para vencer na vida é necessário ter consciência das nossas qualidades e nossas fraquezas. A percepção que devemos ter de nós mesmos precisa ser extremamente honesta para que possamos melhorar diuturnamente. Mister se faz ter discernimento do nosso potencial, termos autoconhecimento, autoconfiança e autoestima. Com efeito, busque sempre potencializar seu autoconhecimento, sua autoconfiança e sua autoestima e viverá melhor e será mais feliz.

SINOPSE - Procure sempre fazer um autoexame e identificar seus pontos fortes e fracos. Isso o ajuda a saber até onde pode ir e o que é preciso melhorar para ir além.

222 AUTOESTIMA

Autoestima consiste na capacidade de a pessoa gostar de si mesma. "É o amor próprio do ser humano com a valorização de suas qualidades, sem superestimar seus defeitos, supervalorizando suas potencialidades" (AD), acreditando no mérito de ser amado e desfrutando os prazeres mais simples da vida para alcançar a felicidade plena. Com efeito, cultive sempre a autoestima em sua vida.

SINOPSE - Não menospreze nem desqualifique seus pontos fortes. Suas qualidades precisam ser valorizadas, sobretudo a capacidade de valorizar e aceitar as coisas boas que existem em você.

ESTIMULE-SE COM O MEDO QUE HÁ EM VOCÊ

MEDO V

223 O medo, inerente ao ser humano, embora benéfico em algumas ocasiões, é o maior inimigo do sucesso. Com efeito, jamais transforme o medo em um bloqueador de atitudes e ações, mas sim em apenas um medidor de riscos. Em seguida, pare de pensar no que tem a perder, no que pode dar errado, e aja com foco nos benefícios que suas ações trarão.

SINOPSE - O medo costuma paralisar aqueles que não o veem como um estímulo. O medo precisa ser um filtro para alertá-lo dos riscos, mas jamais uma barreira.

INTELIGÊNCIA EMOCIONAL

224 Para vencer no mundo disruptivo, ter inteligência emocional faz-se imprescindível, uma vez que, além de as pessoas ser diferentes, a convivência diária com malogros e frustrações será rotina, e – o principal – temos que conviver muito bem com isso, pois os fardos que escolhemos não podem pesar nas nossas costas.

SINOPSE - Você tem inteligência emocional? Ela é a capacidade de lidar com suas emoções. É importante para se manter focado no trabalho e nos seus objetivos, independente dos percalços pelos quais você passará.

INVISTA SEMPRE EM LIVROS, LER É INDISPENSÁVEL

LEITURA

225 Adote a leitura como uma atividade cotidiana e prazerosa, transformando-a em uma fonte de conhecimento e poder. Só conhece os seus benefícios quem a faz rotineiramente e de mente aberta, pois colhe os frutos que uma imaginação fértil permite. Afinal, nada perdura, haja vista que aquilo que não é revisado logo cai no esquecimento, ou acaba enferrujado.

> **SINOPSE –** Você costuma ler sempre? A leitura habitual é uma fonte inesgotável de benefícios: conhecimento, vocabulário, ideias, repertório. Ler abre a mente e enriquece a alma. Invista nos livros!

EDUCAÇÃO

226 Educação é o instrumento "transformador e libertador" dos seres humanos, além de ser instrumento que confere liberdade, independência, autonomia e soberania a qualquer nação. Ela me libertou, independente me tornou, e pode libertar e transformar a vida de todos, pois, de acordo com Hannah Arendt, "a educação é o ponto em que decidimos se amamos o mundo o bastante para assumirmos a responsabilidade por ele".

> **SINOPSE –** Qualquer que seja seu objetivo de vida, você precisará se capacitar para ele sempre. Busque o conhecimento e a educação como instrumentos de desenvolvimento!

SEJA MILIONÁRIO
EM EDUCAÇÃO

EDUCAÇÃO II

227 A educação é o principal motor que move e desenvolve um país. É um dos principais elementos que ajudam uma nação crescer. Mas, de nada adianta se o avanço educacional adquirido pelos indivíduos for usado apenas para conseguir empregos públicos estáveis. A educação tem que ser instrumento gerador de empreendedorismo, que, por sua vez, gera trabalhabilidade, negócios, riqueza e renda para qualquer nação.

SINOPSE - Apenas com investimento forte em educação conseguimos nos desenvolver e desenvolver o país. E desenvolver significa, também, gerar trabalhabilidade, emprego e renda. O conhecimento obtido nas escolas e faculdades deve ser utilizado como instrumento de empreendedorismo de forma a fazer a roda da economia girar velozmente.

RESILIÊNCIA

228 Resiliência – que consiste na capacidade de superar problemas, desafios, dificuldades e adversidades que surgem diariamente na vida, "adaptando-se e aprendendo com eles" (AD) – é uma força suprema que tem o poder de fazer com que um ex-engraxate de rua saia de um estado de pobreza extrema e se transforme em uma pessoa próspera, integrante da lista da famosa Revista Forbes.

SINOPSE – Nos tempos atuais precisamos lidar com todos os tipos de dificuldades: pressão no trabalho, estresse da vida diária, problemas de relacionamento e tantos outros. Mas o importante é a forma como lidamos com essas situações. Ser resiliente é ter capacidade de se adaptar e evoluir, até nos momentos de dificuldades. Algumas atitudes simples podem nos ajudar nessa jornada: tenha seu propósito de vida bem definido; elimine pensamentos negativos e cultive sentimentos positivos; seja otimista e exercite a gratidão.

SEJA RESILIENTE, FRIO E CALOR FAZEM PARTE DA SUA VIDA E SÃO ÓTIMOS

PROBLEMA II

229 Todas as pessoas passam diariamente por inúmeras adversidades e problemas dos mais diversos tipos e complexidades. Só não tem dificuldades e problemas quem já partiu desta vida para outra dimensão. O que as faz superar essas adversidades e desafios é uma força extraordinária e insuperável chamada resiliência.

SINOPSE – Não adianta pensar que a vida é um mar de rosas. Os espinhos também existem. Quem quer vencer, no entanto, tem que aprender a conviver com os maus momentos e extrair o melhor deles.

RESILIÊNCIA II

230 Seja resiliente. Qualquer que seja o problema que surja, veja o seu lado bom e aprenda com ele. Toda situação adversa, erro ou fracasso pode ser uma grande aprendizagem, um verdadeiro professor para seu crescimento pessoal. Esforce-se para encontrar nela um aprendizado que o conduza a um nível de prazer e de alegria, mesmo porque cada dificuldade ou adversidade "traz consigo certo tipo de fascínio".

SINOPSE – Costumo dizer que precisamos transformar os obstáculos do nosso caminho em degraus para alcançarmos o progresso. Podemos tirar ensinamentos de qualquer adversidade por que passamos. Quem é resiliente aprende a olhar as dificuldades com bons olhos e tirar lições para toda a vida.

OBSTÁCULOS FORAM FEITOS PARA SER SUPERADOS

RESILIÊNCIA III

231 | Faça da resiliência a bússola da sua vida. Todas as adversidades pelas quais passar entenda-as como parte do seu crescimento pessoal. É que as jornadas da sua vida aumentam de valor pelas dificuldades e adversidades que você vai passar. Veja-as como parte do seu crescimento pessoal.

> **SINOPSE -** Faça da resiliência sua palavra de ordem. Saber enfrentar os desafios da vida sem se abater é imprescindível para vencer e ser feliz.

DIFICULDADES

232 | Aprenda a "cair para cima", jamais "para baixo", vendo os problemas e dificuldades não como obstáculos e ameaças em sua vida, mas, sobretudo, como desafios e verdadeiros professores. Após cada falha, crise ou catástrofe, muita coisa pode acontecer, inclusive nada. O mais provável é você passar a ter "couro de crocodilo" e ficar mais forte do que nunca.

> **SINOPSE -** Faça de cada queda uma nova oportunidade para recomeçar; de cada pedra no caminho um degrau para as conquistas. Você é capaz de superar todas as adversidades da jornada.

O FRACASSO É SUA GRANDE
LIÇÃO DE VIDA

SUCESSO III

233 O sucesso é composto por uma grande parte de erros, decepções e fracassos, e por uma pequena parte de acertos. Inexiste sucesso sem inúmeros insucessos. Portanto, aprenda com essas experiências negativas e, de forma inteligente, jamais desanime ou desista do seu desiderato, e assim o sucesso será uma consequência.

SINOPSE - Só se aprende tentando. Nessas tentativas, erros e perdas ocorrem, mas isto não pode ser motivo para desanimar. É importante ter sempre em mente que seu objetivo é maior do que qualquer obstáculo.

FRACASSO II

234 É mais inteligente, mais barato e menos doloroso aprender com os erros e fracassos alheios. Entretanto, se errar ou fracassar, utilize o fracasso como uma grande lição de vida, aprendendo com seus erros para não errar de novo. A partir daí, reerga-se "calejado", com muito mais força e energia para a batalha da vida.

SINOPSE - Ninguém gosta de errar ou perder, é fato. Por isso, precisamos aprender com os erros dos outros, para evitar frustrações. Mesmo assim, nossos próprios erros também nos ensinam muito. Procure não errar, mas, é melhor tentar errando do que permanecer inerte por medo de errar!

SEJA MAIS **FLEXÍVEL**

235 RESILIÊNCIA IV

A tolerância e a flexibilidade são qualidades da resiliência que ajudam os seres humanos a viver mais felizes. Adapte-se a todas as situações para superar as adversidades diárias, vencer na vida mais facilmente e obter a felicidade plena.

SINOPSE - Sejamos mais tolerantes e flexíveis. Isto nos faz conseguir trilhar a estrada da vida com mais leveza e ternura. "Bater o pé" ou não se adaptar só nos faz sofrer.

236 ADVERSIDADE II

Quando estiver passando por uma adversidade, pergunte-se como é possível ser tolerante e flexível para sofrer menos e superá-la. A aspereza, a rudeza, a rigidez, a dureza, a austeridade, a severidade, o rigor, a intolerância e a inflexibilidade trazem muitas frustrações e causam infelicidade.

SINOPSE - Sejamos flexíveis. É preciso conseguir se adaptar a todas as situações que ocorrem na vida. Não adianta querer que tudo saia do seu jeito, pois nem tudo depende só de você.

TOLERE... TOLERE... TOLERE...
TOLERE MAIS UM POUCO

TOLERÂNCIA

237 Como escreveu Baltasar Gracián: "... a mais importante regra da vida está em saber tolerar todas as coisas (...) Quem não sabe como aguentar os outros deve se recolher em si próprio, se é que consegue tolerar". Portanto, cultive a tolerância e a flexibilidade como princípios indutores de felicidade.

SINOPSE - Que tal fazer da tolerância a palavra da sua vida? Ela faz de você uma pessoa mais adaptável e até mais bem-vista, além de facilitar sua convivência com seus pares.

COMPAIXÃO

238 Cultive sempre o sentimento da compaixão. Deseje sempre o melhor para você e também para os outros, procurando ajudá-los na medida do possível. Nossa missão terrestre consiste não apenas em gerar benefícios para nós mesmos, mas, sobretudo, "acrescentar valor à vida das pessoas desta geração e das futuras" (AD).

SINOPSE - Que legado você quer deixar no mundo? A compaixão nos move a querer ser mais e melhor para os outros, deixando exemplos marcantes nas vidas dos que nos cercam.

O AMOR
É PACIENTE

CULTIVO

239 Cultive a serenidade, a bondade, a paciência e a tolerância como preceitos de vida, tendo sempre em mente o pensamento do sábio que enfatizou: "a bondade que nunca repreende não é bondade: é passividade; a paciência que nunca se esgota não é paciência: é subserviência; a serenidade que nunca se desmancha não é serenidade: é indiferença; a tolerância que nunca replica não é tolerância: é imbecilidade".

SINOPSE – Nossa intuição é dotada de uma linha tênue que sempre alerta quando algo está saindo do equilíbrio, seja para mais ou para menos. Observe o que precisa ter a dosagem certa para não cometer equívocos.

CARIDADE

240 Em nossas vidas, a caridade deve ser encarada como parte da nossa missão terrena, jamais como ônus ou fardo, haja vista que, segundo a "lei espiritual da doação", quanto mais pessoas ajudarmos nesse intervalo de um instante chamado vida, mais prosperidade obteremos nos planos mental, emocional, espiritual e financeiro.

SINOPSE – De acordo com Deepak Chopra, o universo é feito de trocas de energias. Neste sentido, sua lei da doação ou do retorno diz que só recebemos aquilo que damos, pois o bem que fazemos acaba retornando para nós. E aqui não falo de caridade como assistencialismo, mas como forma de propagar as coisas boas que você recebe da vida.

É MELHOR DAR DO QUE RECEBER

RECEBER

241

Saiba dar, mas também saiba receber. O prazer de receber é enorme para quem recebe, mas também o é para quem doa. Segundo T. Harv Eker, um elogio recebido deve ser agradecido, mas sem qualquer retribuição de pronto, no afã de que você possa se apropriar da dádiva, "garantindo ao elogiador a alegria de presenteá-lo sem o desprazer de receber de volta".

> **SINOPSE –** Sinta-se sempre merecedor das dádivas e elogios que lhes são dados. Você merece, aceite, não se sinta na obrigação de retribuir, mas na de agradecer.

DESEJO

242

Deseje sempre tudo de bom e de melhor para a sua vida e de seus entes queridos, porque você merece. Esqueça aquele jargão que diz "não mereço, mas agradeço", pois pela crença do mérito e da meritocracia, enquanto você respirar merecerá sempre o melhor. Mas, apesar de merecer, tem que fazer por onde merecer, agradeça sempre.

> **SINOPSE –** Tenha certeza de que você é merecedor de tudo o que a vida lhe dá. O mais importante nisto tudo é sempre trabalhar para merecer cada vez mais e ser sempre grato.

GERE RIQUEZAS, DEIXE LEGADO

EDUCAÇÃO III

243 Temos que sonhar muitos sonhos grandes e "impossíveis", e lutar dia após dia para concretizá-los. O principal deles deve ser "vencer na vida". E a forma mais fácil é por meio da educação. Ela gera mobilidade e ascensão social, pois é um instrumento "transformador e libertador" dos indivíduos, além de conferir autonomia, independência e soberania a qualquer nação.

SINOPSE – A educação é uma ponte indestrutível que nos permite chegar a lugares fantásticos e inimagináveis. Ela tem o poder de transformar vidas, histórias e destinos, e trazer muitas recompensas. Mas, para isto, hoje é preciso que você se dedique a ela de forma constante.

CONCURSOS PÚBLICOS

244 Ouso afirmar, sem medo, que a aprovação em concursos públicos por si só não pode ser o único fim almejado por aquelas pessoas que vivem estudando e angariando conhecimentos, mas somente um meio para conseguir um fim maior, qual seja: o de empreender, no afã de gerar negócios, trabalhabilidade, riquezas, emprego e renda para as pessoas e a nação.

SINOPSE – Quando pensar em angariar conhecimento e fortalecer suas habilidades, pense em como tudo isso poderá beneficiar os outros. Construa o pensamento de contribuição, e não apenas de estabilidade.

PENSE, PROJETE
O FUTURO

245 COMPETIDORES

Na sociedade *mundializante* em que vivemos, os competidores das pessoas físicas não são mais apenas aqueles domiciliados na sua cidade, no seu estado, na sua região ou no seu país. São aqueles que têm domicílio mundial e vivem em qualquer parte do planeta. Portanto, prepare-se para enfrentar os competidores globais.

SINOPSE – Nossas fronteiras não são mais territoriais, mas de conhecimento. A globalização chegou para exigir mais esforço da nossa parte em adquirir conhecimentos múltiplos, pois a conexão com o mundo todo tem aumentado a competitividade, predestinando apenas aos melhores e mais preparados os maiores prêmios.

246 EVOLUÇÃO TECNOLÓGICA

Na sociedade globalizada, digital e disruptiva em que vivemos, os competidores das pessoas jurídicas não são mais as companhias tradicionais que fazem a mesma coisa que faz a sua corporação. São, na verdade, aquelas empresas de programas ou ferramentas para computadores. Elas poderão levar à bancarrota a maioria das empresas tradicionais se estas não se reinventarem ou inovarem diuturnamente. Portanto, fique atento à evolução tecnológica.

SINOPSE – Tudo muda e em velocidade constante, principalmente na sociedade em que vivemos. Por isso, ficar atento ao desenvolvimento é um dever, não apenas uma opção, sob pena de morte súbita.

NÃO FIQUE OBSOLETO, NÃO FIQUE OBSOLETO,
ATUALIZE-SE ATUALIZE-SE
NÃO FIQUE OBSOLETO, NÃO FIQUE OBSOLETO,
ATUALIZE-SE ATUALIZE-SE
NÃO FIQUE OBSOLETO, NÃO FIQUE OBSOLETO,
ATUALIZE-SE ATUALIZE-SE
NÃO FIQUE OBSOLETO, NÃO FIQUE OBSOLETO,
ATUALIZE-SE ATUALIZE-SE

NÃO FIQUE OBSOLETO,
ATUALIZE-SE

NÃO FIQUE OBSOLETO, NÃO FIQUE OBSOLETO,
ATUALIZE-SE ATUALIZE-SE
NÃO FIQUE OBSOLETO, NÃO FIQUE OBSOLETO,
ATUALIZE-SE ATUALIZE-SE
NÃO FIQUE OBSOLETO, NÃO FIQUE OBSOLETO,
ATUALIZE-SE ATUALIZE-SE
NÃO FIQUE OBSOLETO, NÃO FIQUE OBSOLETO,
ATUALIZE-SE ATUALIZE-SE

REINVENÇÃO

247

Como sobreviver, crescer, progredir, conquistar, ter sucesso e prosperidade numa sociedade que já deixou de ser meramente *mundializante* para se transformar numa sociedade tecnotrônica, tecnológica, digital, disruptiva e cheia de desafios? Reinventar-se diuturnamente com criatividade e inovação.

> **SINOPSE –** O mundo em constante mutação exige que todos se adaptem a ele. E, para se adaptar, demanda-se conhecimento, e conhecimento se adquire por meio de estudo e dedicação perene. Não se deixe ficar obsoleto.

REINVENÇÃO II

248

Nesta nova era da indústria 4.0, num ambiente de constante incerteza, tanto as pessoas físicas quanto as jurídicas só conseguirão sobreviver, desenvolver-se, ter sucesso e prosperidade se se reinventarem constantemente e em sua inteireza. A reinvenção passa pela qualificação constante, criatividade e inovação, principalmente a digital.

> **SINOPSE –** A palavra do século é mudança. Você precisa tê-la como uma aliada e moldar sua mente para a flexibilidade e a adequação. Pessoas inflexíveis que não conseguem se adequar a realidades mutantes não conseguirão lidar com o momento atual.

UM PASSO À FRENTE, ESTEJA COM A CABEÇA **NO FUTURO**

249 NEGÓCIO

Na sociedade tecnotrônica, tecnológica, digital e disruptiva em que estamos vivendo, se você quer abrir um negócio, antes, pergunte-se se irá funcionar via smartphone, ou seja, se o celular pode ser utilizado como instrumento ou ferramenta de prestação do serviço ou venda do produto. Se não funcionar, esqueça a ideia, pois, certamente, o negócio não terá sucesso e irá quebrar.

SINOPSE - Independentemente do empreendimento no qual você investirá, esteja com o pensamento sempre voltado para o futuro e avalie se seu negócio terá condições de se adequar ao que o mundo globalizado e digital tem apresentado.

250 INOVAÇÕES TECNOLÓGICAS

As empresas de softwares ou ferramentas para computadores irão, em pouco tempo, levar à bancarrota a maioria das empresas tradicionais de hoje caso estas não adotem rapidamente as inovações tecnológicas digitais que estão surgindo. É que, segundo Marshall Goldsmith, "o que nos trouxe até aqui não tem o poder de nos levar para o futuro".

SINOPSE - Reinventar-se é uma necessidade real, questão de sobrevivência. Você precisa acompanhar as mudanças que o mundo tem apresentado e se adaptar a este novo cenário, principalmente do ponto de vista tecnológico e comportamental.

QUALIFIQUE-SE E APERFEIÇOE-SE CONSTANTEMENTE

QUALIFICAÇÃO II

251 Na quarta revolução industrial, ou revolução digital, em que vivemos, as pessoas só conseguirão sobreviver, superar os desafios e as adversidades, desenvolver-se, ter sucesso, prosperidade, vencer na vida e ser felizes por meio da qualificação e do aperfeiçoamento profissional, que devem ser constantes e perenes.

SINOPSE - O mundo atual está exigindo e buscando profissionais que são capazes de fazer a diferença. Uma pessoa qualificada saberá resolver com mais eficiência as demandas que lhe forem solicitadas, e este diferencial só será alcançado por meio do estudo continuado. Por isso, reafirmo que aprender deixou de ser algo momentâneo para ser uma prática constante.

CONHECIMENTO VIII

252 Na sociedade atual, chamada sociedade do conhecimento ou digital, conhecimento e informação, chamados capital intelectual, são muito mais importantes que os recursos materiais como fator de desenvolvimento humano, considerados instrumentos de poder, que só podem ser adquiridos por meio da educação e da experimentação ininterrupta.

SINOPSE - Sim, fontes de prazer e elevação, a informação e o conhecimento contribuem para o seu desenvolvimento intelecto-social-moral, que se destaca juntamente com seu potencial e sua forma de atuar. Faça seu melhor, aprenda sempre, lute, cresça e vença. Pois o saber é constante e crescente... e evolui na medida do progresso: mais e mais!

DÊ O MÁXIMO DO
SEU POTENCIAL

DESTAQUE

253

No mundo de hoje, as pessoas que terão um lugar de destaque ao sol serão aquelas proativas e não letárgicas, que não se conformam com a zona de conforto e o lugar-comum, que vencem suas limitações, que planejam com cautela suas atividades, que não desistem na primeira adversidade e buscam qualificação constante e continuada.

SINOPSE – Fazer o mínimo já não é mais o caminho a ser seguido. É preciso fazer mais, muito mais. Por isso, teste seus limites, produza no mais alto nível e supere suas barreiras.

SUCESSO IV

254

Na era global em que vivemos, para as pessoas terem sucesso, apenas o talento e a inteligência não são mais suficientes. Elas têm que adquirir conhecimento múltiplo, multiespecializado e multifuncional, associando saberes em diferentes campos do conhecimento humano, ser ousadas, corajosas e determinadas, não se conformar com o óbvio, focar em seus objetivos, ser persistentes e até obstinadas, e não desistir nunca.

SINOPSE – Nunca pense que é "inteligente o suficiente". Há sempre o que aprender, aperfeiçoar. Além do mais, procure diversificar cada vez mais seus conhecimentos e suas habilidades. Seja polivalente!

EDUCAÇÃO OU EDUCAÇÃO OU
MORTE!!! MORTE!!!
EDUCAÇÃO OU EDUCAÇÃO OU
MORTE!!! MORTE!!!
EDUCAÇÃO OU EDUCAÇÃO OU
MORTE!!! MORTE!!!

EDUCAÇÃO OU MORTE!!!

EDUCAÇÃO OU EDUCAÇÃO OU
MORTE!!! MORTE!!!
EDUCAÇÃO OU EDUCAÇÃO OU
MORTE!!! MORTE!!!
EDUCAÇÃO OU EDUCAÇÃO OU
MORTE!!! MORTE!!!

255 MULTIFUNCIONAIS

Hoje, os profissionais de sucesso são multiespecializados e multifuncionais. Ou seja, são detentores de aptidões, habilidades e competências em diversas áreas do conhecimento humano para exercer diversas atividades ao mesmo tempo no afã de conquistar trabalhabilidade, e não apenas empregabilidade.

> **SINOPSE –** Supere seus limites, faça mais que o necessário e desenvolva ao máximo todas as suas aptidões, habilidades e competências. Fazer apenas o necessário, ou o possível, não lhe vai permitir conquistar seus objetivos.

256 MUNDO DISRUPTIVO

Para se destacar no mundo disruptivo as pessoas, necessariamente, precisam possuir experiências pessoais, lógica de raciocínio, ser capazes de compreender processos para resolver problemas, ter capacidade de liderança, ser boas em relacionamento interpessoal, ter visão global, ser inconformadas com o lugar-comum, sonhar sonhos impossíveis, e, sobretudo, ter valores éticos.

> **SINOPSE –** Para atingir resultados grandiosos, acredite, tenha coragem e ouse fazer coisas diferentes e grandiosas. Antes, porém, reflita sobre quais são suas maiores habilidades e competências e aprimore as que precisam ser desenvolvidas.

MULTIPLIQUE SEUS
CONHECIMENTOS E SEJA
MAIS VALORIZADO

257 CRIATIVIDADE E INOVAÇÃO

Para ter sucesso na aldeia global, digital e disruptiva, as pessoas carecem de adquirir, além de conhecimentos técnicos, habilidades e conhecimentos *múltiplos*, principalmente os que são extremamente valorizados hoje, criatividade e inovação.

SINOPSE – O mundo competitivo no qual estamos inseridos tem sido regido pela transformação veloz das coisas. Demonstrar habilidades inovadoras e criativas é mais que necessário, é fundamental.

258 TRABALHABILIDADE

Desenvolva a trabalhabilidade em sua vida. Ela consiste na capacidade que a pessoa tem em angariar conhecimentos, habilidades e competências para gerar trabalho, renda e riqueza, sobretudo como empreendedor, mas também como autônomo ou profissional liberal, e até como empregado.

SINOPSE – Cultivar a trabalhabilidade como postura profissional fará de você uma pessoa mais desenvolvida, cheia de aptidões e capaz de superar diversos desafios.

ESTEJA DISPOSTO
A MUDAR

259 CRIATIVIDADE E INOVAÇÃO II

Como sobreviver e prosperar na era tecnotrônica, oferecendo serviços e produtos para os nativos digitais das redes sociais, que pertencem às gerações y, ou *millennials*, e z, ou *centennials*, cujas cabeças, procedimentos, atitudes e posturas são totalmente diferentes daquelas com as quais lidávamos? Apenas saindo do lugar-comum, com criatividade e inovação.

> **SINOPSE –** Criatividade e inovação são mesmo palavras de ordem na atual conjuntura de mercado e sociedade. Hoje, os clientes querem ser cativados, encantados e surpreendidos. Por isso, investir nesses dois pilares é essencial para garantir a perenidade e a sustentabilidade de seu negócio.

260 REINVENÇÃO III

Lembre-se: só conseguiremos sobreviver e crescer no mundo digital e disruptivo com sustentabilidade, perenidade e lucratividade oferecendo serviços e produtos para os nativos digitais, das gerações y, ou *millennials*, e z, ou *centennials*, se, constante e diuturnamente nos reinventarmos em nossa inteireza de todas as formas, pois, segundo Charles Darwin, "não é o mais forte nem o mais inteligente que sobrevive, é o mais disposto à mudança".

> **SINOPSE –** A competição mercadológica tem se tornado cada vez mais acirrada. Para conseguir se destacar, é necessário, constantemente, mudar, evoluir e aprimorar-se. E isto só é possível pela observação constante das tendências, criatividade, inovação e qualificação profissional.

TESTE SUA CRIATIVIDADE
ILIMITADA

SUPERAÇÃO II

261 No mundo de hoje, para sobreviver e ter sucesso é necessário subsistir e operar em estágio constante de esquizofrenia fecunda, rendosa e produtiva, que consiste em viver e trabalhar no mais alto grau de estresse lucrativo, ou seja, superando todas as adversidades e limites.

SINOPSE – Nos dias de hoje, para crescer, progredir e vencer com sustentabilidade e perenidade, muito mais do que sonhar, é preciso trabalhar duro e com criatividade e inovação.

CRIATIVIDADE

262 A criatividade humana é ilimitada. Ela é um dos instrumentos mais importantes que existem para conseguir sobreviver e vencer num mundo caótico e escasso de oportunidades. Portanto, desenvolva a criatividade enrustida em seu interior.

SINOPSE – A criatividade hoje em dia é considerada um talento e uma grande virtude, pois permite que o ser humano formule teorias, invente produtos, crie conteúdos engajadores, encontre soluções diferenciadas e consiga se destacar diante dos seus pares. Ela existe dentro de você. Só lhe falta explorá-la e dela fazer uma grande aliada.

PENSE DIFERENTE

CRIATIVIDADE E INOVAÇÃO III

263 Nos dias de hoje, a sobrevivência das empresas não pode prescindir da criatividade e da inovação, bem como da utilização de sistemas modernos de gestão para a performance do desenvolvimento organizacional, como o da "responsabilidade social empresarial", que leva em consideração a ética e a sustentabilidade em todos os níveis.

> **SINOPSE –** Pensar sempre à frente. Este é o modelo que todas as corporações precisam adotar se realmente desejam sobreviver e prosperar. Agir de acordo com métodos que tragam eficiência, agilidade e, sobretudo, priorizem a melhoria de todos, é o caminho mais recomendável.

CRIATIVIDADE II

264 No mundo globalizado e tecnológico, a criatividade dos indivíduos vem sendo cada vez mais requisitada. Hoje, ser criativo é pré-requisito em casa, na escola, no trabalho, nas relações interpessoais e na vida como um todo. Urge, portanto, que busquemos novas formas de pensar, de criar, de agir, de realizar, de concretizar e de transformar nossos sonhos em realidade.

> **SINOPSE –** Quer começar de um jeito diferente? Colher resultados diferentes? Então deixe sua criatividade aflorar. Garanto que sua perspectiva de vida mudará e, por consequência, você se sentirá mais confiante e mais corajoso.

ESTIMULE SEU
CÉREBRO

265 CRIATIVIDADE E INOVAÇÃO IV

Criatividade e inovação são conceitos inexoravelmente vinculados, usualmente confundidos, mas totalmente diferentes. A criatividade, instrumento essencial da inovação, é o passo anterior à inovação. Ela começa com uma ideia, que, colocada em prática, inicia o processo de inovação. Portanto, desenvolva a criatividade que existe em você.

SINOPSE – Entenda que o caminho da criatividade busca criar e desenvolver ideias novas e frutíferas. Já a inovação consiste na materialização dessas ideais.

266 CRIATIVIDADE III

A criatividade não é inerente nem inata ao ser humano, e tampouco fruto de talento ou dom. Embora uns a possuam mais forte do que outros, todos possuem plena capacidade de desenvolvê-la, pois, ela pode ser desenvolvida e aprimorada com o tempo, desde que haja prática. Com efeito, desenvolva e aprimore esta característica em você para progredir e ser mais feliz.

SINOPSE – O aprimoramento da criatividade consiste em ter uma mentalidade voltada para o crescimento. Estimular o cérebro para ter acesso a conteúdos inovadores permitirá uma expansão de ideias e, por consequência, o aumento da criatividade.

PREPARE-SE PARA CONSTANTES
TRANSFORMAÇÕES

TRANSFORMAÇÃO III

267 O século XXI será o das criações e das transformações. "Nos últimos 50 anos, mais coisas foram criadas e transformadas que nos últimos 5 mil anos. Nos próximos 10 anos, mais coisas serão criadas e transformadas que nos últimos 100 anos" (AD). Prepare-se para viver num mundo mutante.

SINOPSE - Enquanto você adia seus projetos, algumas pessoas estão dedicando suas vidas em prol dos sonhos que tanto desejam realizar. Corra atrás do que você deseja e aprenda a se adaptar às constantes transformações. O mundo se reinventa e se transforma em uma velocidade dinâmica. Não fique para trás!

VENCEDOR

268 O verdadeiro vencedor, ao identificar uma oportunidade, utiliza todos os seus recursos disponíveis, com ousadia, coragem, determinação, foco, persistência e criatividade, para aproveitá-la e concretizá-la, pois, em tempos de crise, o que faz a diferença para vencer são esses elementos, em especial a determinação e a criatividade.

SINOPSE - Aproprie-se e desenvolva todos esses atributos para agarrar as oportunidades que surgirem. Não desperdice as chances que poderão mudar para sempre a sua trajetória.

É PRECISO INOVAR PARA
SER COMPETITIVO

INOVAÇÃO

269

Muitos acreditam que inovação consiste apenas na utilização de novas tecnologias. O uso de novas tecnologias constitui-se apenas um instrumento ou aspecto de inovação, embora um dos mais importantes. Inovação, em sentido amplo, consiste na materialização de ideias para transformar sonhos em realidade, gerando valor, benefícios e utilidades para a humanidade.

> **SINOPSE -** A capacidade de inovar é bem mais simples do que a gente imagina, pois ela está impregnada na execução de ideias que poderão gerar atrativos e facilidades à vida de todos. Comece a executar suas ideias para tentar transformar a comunidade onde está inserido.

INOVAÇÃO II

270

Inovação é o elemento imprescindível para que uma nação seja desenvolvida e sustentável. Constitui-se num dos poucos caminhos para uma "revolução produtiva", de primacial importância para o Brasil se destacar e poder competir na aldeia global em que vivemos.

> **SINOPSE -** Sem inovação, nos dias de hoje, já não é possível chegar a lugar algum. Qualquer um que deseje evoluir e se superar, precisa buscar rotas alternativas inovadoras e se superar constantemente. Especialmente as empresas.

TRANSFORME-SE PARA VIVER
UM NOVO MUNDO

TECNOLOGIA

271 | A tecnologia, especialmente a digital, ainda é um dos mais importantes instrumentos de inovação. As empresas precisam evoluir tecnologicamente em face da chegada da quarta revolução industrial, ou revolução digital. Elas têm, necessariamente, que migrar para o mundo digital, sob pena de padecerem da denominada "síndrome da empresa Kodak", ou seja, chegar à bancarrota.

> **SINOPSE –** Você conhece a história da Kodak? A empresa faliu por não se adequar às novas realidades do setor fotográfico quando do surgimento dos smartphones e fotografias digitais. Assim acontece com qualquer companhia. É necessário acompanhar as mudanças da evolução produtiva e, principalmente, estar atento às inovações tecnológicas.

REINVENÇÃO IV

272 | As corporações que não se reinventaram nem inovaram faliram ou foram engolidas por outras. Isto porque as fórmulas ideais de gestão pretéritas se tornaram obsoletas e sucumbiram às transformações radicais da atualidade tecnotrônica e digital, e não servem mais para um mundo globalizado, tecnológico, digital e disruptivo.

> **SINOPSE –** Transformação. Esta é a palavra de ordem. Precisamos nos transformar constantemente se quisermos sobreviver neste novo mundo, pois as regras que ditam as mudanças não esperam por nós, elas simplesmente acontecem e chegam para transformar a vida de todos.

TENHA A INOVAÇÃO
NO SEU DNA

INOVAÇÃO III

273 Hoje em dia a inovação não é apenas um diferencial ou uma vantagem competitiva. Ela é considerada a única fórmula da sobrevivência, uma das condições para permanecer no jogo competitivo. É imprescindível que a inovação esteja incutida na cultura e no DNA das pessoas e das corporações, sob pena de morte abrupta.

SINOPSE - Diferente do que muitos pensam, ser inovador ou ter uma mente criativa faz parte de uma cultura de incentivos. É preciso muito estímulo. Claro que algumas pessoas têm uma facilidade enorme quando se trata de novas ideias e projetos, mas, se você não tem esta facilidade, dá para trabalhar algumas técnicas ao seu favor. Pensar fora da caixa pode e deve ser aplicado no seu dia a dia, em sua rotina, e não apenas nos negócios. Esforce-se para colocar suas ideias criativas em prática.

INOVAÇÃO IV

274 Inovar, hoje, é também escutar os clientes e prestar atenção em suas reivindicações, identificar suas necessidades e desejos e atendê-los de forma surpreendente e encantadora, por meio de todos os instrumentos legais, especialmente o tecnológico, utilizados no mundo do empreendedorismo. Daí a necessidade de valorizar e motivar o capital humano, o único capaz de inovar.

SINOPSE - A inovação parte de um conceito lógico: as pessoas precisam se sentir motivadas para que suas mentes criem conteúdos inovadores. Daí a importância de reconhecer e valorizar todo o potencial intelectual dos indivíduos.

DESPERTE A MOTIVAÇÃO
QUE HÁ EM VOCÊ

MOTIVAÇÃO

275 Motivação é o combustível mais importante dos vencedores. Se a pessoa perdê-la, a consequência é a "falência motivacional", pois perde também sua força e energia. "Os motivados enxergam oportunidades nas dificuldades. Os desmotivados enxergam dificuldades nas oportunidades" (AD). Portanto, esteja sempre motivado e motive seu colaborador.

> **SINOPSE –** Nenhuma pessoa desencorajada e desanimada progredirá. Desperte dentro de você a motivação que nutrirá todas as áreas da sua vida. Pessoas motivadas transformam seus caminhos, e, como consequência, modificam a vida de todos que as cercam.

FRACASSO III

276 Todo ser humano tem ou já teve algum tipo de problema ou fracasso. É que "até o homem mais perfeito não escapa deles, e casa-se ou se amanceba com eles" (Baltasar Gracián). Só não terá problemas nem fracassará quem já está noutra dimensão. O que devemos fazer é aprender com os erros e fracassos de nossas vidas para nos tornarmos mais fortes, extraordinários e felizes.

> **SINOPSE –** Os desafios e as adversidades da vida existem para todo mundo. Ninguém pode escapar deles, mas cada um pode escolher a melhor maneira de lidar com eles, inclusive aprender. Opte sempre pelo lado que o fará evoluir e melhorar.

EVOLUA SEMPRE...
PENSE PARA FRENTE

ERROS E FRACASSOS

277 Os erros e os fracassos estão inexoravelmente vinculados à prosperidade se aprendermos a extrair deles, da melhor forma possível, grandes lições. Logo, não olhe para trás. Não chore pelo leite derramado. Não maldiga os erros e os fracassos passados. Aprenda sempre com as lições que a vida nos dá, e lute hoje para criar o amanhã sem pensar no ontem.

> **SINOPSE -** A capacidade de mudar seu destino depende exclusivamente de você. Seja forte e corajoso, pois coisas extraordinárias acontecem para pessoas assim.

INSUCESSO

278 O insucesso é um componente essencial do sucesso se dele, de forma inteligente, não desistirmos e extrairmos as maiores aprendizagens para nos levantar, recomeçar e obstinar até o triunfo.

> **SINOPSE -** Toda falha, seja grande ou pequena, sempre traz consigo extraordinárias lições. Nós sempre nos fortalecemos após enfrentar momentos difíceis, e é aí que está a mágica da coisa: saber que estamos evoluindo, mesmo diante de momentos complicados.

DESISTA DE
DESISTIR

FRACASSO IV

279 A desistência de um sonho ou utopia constitui-se no maior dos fracassos. Mesmo assim, a maioria das pessoas desiste quando está no limiar da conquista. Se tiver que desistir de um propósito de vida, desista de desistir.

> **SINOPSE –** Seja forte, espere até a última tentativa para conquistar seu propósito. Normalmente, é nos instantes finais que está a glória. Não pule do barco precocemente.

ADVERSIDADE III

280 Mais triste do que falhar é não tentar, seja por medo ou vergonha de falhar. Todas as adversidades devem ser corajosa e inteligentemente superadas. Ajamos como as águas de um rio. "Cada vez que seu curso encontra um obstáculo, elas *não passa*m por cima dele, simplesmente o contornam!" (AD).

> **SINOPSE –** Assim como as águas de um rio, contorne todos os obstáculos da sua vida. Eles não deixarão de existir; portanto, quanto mais cedo você aprender a lidar com eles, e superá-los, mais cedo encontrará o equilíbrio.

LUTE, LUTE SEMPRE, NÃO DESISTA JAMAIS

CONTINUAR

281 Mesmo quando parecer não haver mais esperança, continue tentando, com muita persistência e perseverança, e até de forma obstinada, sem jamais desistir. "As maiores realizações da humanidade foram conquistadas por sujeitos que continuaram tentando e não desistiram, mesmo quando tudo parecia estar perdido" (AD).

> **SINOPSE -** A batalha só termina quando você desiste. Então, enquanto você estiver vivo e lutando, ainda restará a chance de vencer.

ADVERSIDADE IV

282 Assim como o avião que "decola contra o vento" para ganhar as alturas, use as adversidades da escola da vida para aprender, fortalecer-se e alcançar o ápice.

> **SINOPSE -** O fundo do poço é munido de molas propulsoras que o levam para o alto, mas cabe a você pegar o impulso e avançar.

TENHA FOCO NAS SOLUÇÕES, NÃO **NOS PROBLEMAS**

ADVERSIDADE V

283 Os caminhos sem pedras nem obstáculos são áridos e infrutíferos. Os sucessos sem erros e fracassos são escassos ou inexistentes. A maior frustração da vida não é falhar, é, sobretudo, não tentar, pois é impossível alcançar a prosperidade sem antes passar pelos tombos nas adversidades.

SINOPSE – Não espere um caminho de glória sem sofrimento. Tudo acontece da maneira exata para moldá-lo e prepará-lo para o que você tanto deseja.

SOLUÇÃO

284 Não faça "tempestade em copo d'água". É burrice dar atenção àquilo que não carece, já que o "remédio", em algumas situações, causa ou aumenta a enfermidade. Combata os problemas no seu princípio, sempre com foco nas soluções, jamais no problema.

SINOPSE – Se deseja ter uma vida melhor, aprenda a manter seu pensamento voltado para as soluções, nunca para os problemas. Você vai gastar energia, mas ao menos resolverá as coisas.

NÃO FAÇA
PUBLICIDADE DE
COISAS RUINS

PUBLICIDADE

285 Se errar, procure não persistir no erro nem publicizá-lo. A persistência, ou sua publicização, constitui-se grandes tolices. Ninguém precisa saber dos seus erros ou fracassos. O sábio não confia seus defeitos nem a ele mesmo, quanto mais aos "amigos".

SINOPSE - Os erros não precisam de propaganda, e sim de reparo. Ao errar, busque sempre corrigir e melhorar. Jamais se vitimize ou se mantenha na mesma situação por muito tempo. Suas fraquezas e seus problemas precisam ser solucionados, não escancarados. Quando você os deixa vir à tona, as pessoas os farão de munição para usar na primeira oportunidade em que for conveniente. Não dá para saber tão facilmente quem está junto para ajudar ou atrapalhar; por isso, fortaleça-se, olhe para as soluções e blinde-se.

FRACASSO V

286 O fracasso, maior professor da vida, apesar de doloroso, pode ser extremamente benéfico para o crescimento humano, pois se constitui em um elemento de grande aprendizagem caso seja utilizado como lição de vida.

SINOPSE - Os erros e os fracassos trazem importantes lições que nenhum outro evento é capaz de trazer. Você só aprende a fazer o certo porque tem discernimento do que é errado. Não se martirize e tampouco se arrependa das ações que o levaram ao caminho indesejado. Você, sem dúvida, fica mais sábio por isso. Só não erre novamente.

APRENDA COM SEUS
PRÓPRIOS ERROS

FRACASSO VI

287

O ser humano aprende muito mais quando fracassa do que quando está crescendo e prosperando. O fracasso faz recrudescer profundamente as habilidades pessoais, a resiliência, o poder de superação, a resistência humana e, acima de tudo, a humildade.

SINOPSE – Tente olhar sempre para o lado das aprendizagens, das lições, dos benefícios que os erros e fracassos trazem... Não se apegue jamais ao problema em si, mas, sim, às soluções. Trate-o apenas como um professor que deseja lhe ensinar algo. Nossa função em eventos como este é aprender. Jamais se esqueça disso. E aprenda!

ERRO

288

É muito mais barato e menos doloroso aprender com os erros dos outros do que com os seus. Mas, se errar, aprenda com os seus próprios erros e levante-se mais fortalecido para jamais errar de novo.

SINOPSE – O erro sempre traz consigo a chance de colocar em prática o aprendizado. Não se apegue aos fracassos, faça deles grandes lições para evoluir.

LIMPE SUA MENTE
PARA RECEBER NOVOS
PENSAMENTOS

OBSTÁCULO

289 Não podemos parar diante das pedras que surgirão como obstáculos em nossos caminhos. Pessoas que faliram mais de uma vez, mas passaram uma borracha no passado de insucesso, e tentaram novamente, sem desistir, certamente conseguiram superar as adversidades e venceram.

SINOPSE – Não se deixe vencer pelas fases difíceis que surgirão em sua vida. Tenha paciência, discernimento, tranquilidade, fé em Deus e muita garra para enfrentar os momentos de turbulência e tudo se resolverá. Tudo na vida é passageiro, pode ter certeza disto.

LIÇÕES

290 Temos que aprender com as lições das águias. Quando elas envelhecem, arrancam suas penas velhas. Isto nos ensina que não devemos continuar arrastando conosco as coisas ruins do passado. Temos que deixar o mau pretérito no passado, agindo com esmero no presente para construir um paradigma de futuro.

SINOPSE – O novo só ganhará espaço se o velho sair de cena. Para que a vida seja preenchida de novidades e acontecimentos transformadores é necessário, antes de tudo, fazer uma faxina e tirar tudo o que é desnecessário da gaveta.

POUPE ENERGIA,
TENHA FOCO NA
SOLUÇÃO

291

APRENDIZADO

Qualquer que seja o problema, grande ou pequeno, veja o que ele pode lhe ensinar e o que você pode aprender com ele. É que toda situação adversa pode ser uma grande aprendizagem, um grande professor para o nosso crescimento pessoal e profissional.

SINOPSE - Os momentos difíceis sempre trazem grandes aprendizados. As lições estão nas entrelinhas, e é preciso muito discernimento para analisar as coisas com muita sabedoria. Apenas lamentar-se não vai lhe trazer nenhum ensinamento.

SOLUÇÃO

292

Não fique pensando em problemas ou em dificuldades pretéritas. Também não dê muita atenção aos obstáculos e às adversidades que surgem no dia a dia. Apenas enfrente-os com foco exclusivo nas soluções, haja vista que o foco neles fará que você só os aumente. Muitas vezes o problema é sério, mas a solução pode ser bastante simples. Concentre-se na solução e procure métodos e alternativas diferentes para resolvê-lo.

SINOPSE - A maior parte das pessoas não consegue ficar diante do problema e direcionar a energia necessária para resolvê-lo, e talvez por isso seja tão difícil sair da dificuldade. Não adianta dar destaque às adversidades, pois elas precisam ser solucionadas. Tenha sempre o olhar otimista necessário para resolver todas as situações. Seus pensamentos precisam estar sempre voltados para as soluções, não importa o grau de dificuldade que os problemas tenham. Esta ação potencializará as chances de resolver as coisas e ainda lhe poupará muita energia

FORTALEÇA SUA MENTE
COM COISAS BOAS

PROBLEMA III

293 Ninguém liga para os seus problemas, a não ser você mesmo. Entretanto, você, como o timoneiro da sua vida, não deve dar importância às opiniões alheias, pois o "maestro sempre rege a orquestra de costas para a plateia " (AD).

SINOPSE – Seja o condutor do seu destino, das suas decisões e do seu pensamento. Não se apegue ao que os outros pensam, caso contrário terá uma vida de constante inércia.

DECISÃO

294 Jamais tome uma decisão importante em sua vida imediatamente após uma queda ou um fracasso, uma vez que, depois de um fracasso, o sujeito fica com o emocional fortemente abalado, e não será ele quem tomará a decisão, mas suas emoções.

SINOPSE – Antes de qualquer coisa fortaleça sua mente e nutra seus pensamentos com coisas boas. Não se deixe abalar pelo momento, e espere o desenrolar natural das coisas. Não é propício tomar decisões emocionalmente abalado.

EU MEREÇO E
AGRADEÇO

MERITOCRACIA

295 Pelo princípio extraordinariamente poderoso do mérito ou da meritocracia, a pessoa pode ser extremamente habilidosa, ter inteligência, talento e competência. Entretanto, se não agir e tiver alto nível de confiança em si mesma e se sentir merecedora do que pretende conquistar, jamais conseguirá conquistar e ser uma vencedora, haja vista que não concentrará energia suficiente e necessária para a conquista.

> **SINOPSE -** Antes de conquistar qualquer coisa você precisa ter estabelecido muito bem em seu consciente que é merecedor de ter aquilo que deseja. Caso contrário, será vencido facilmente por todos os obstáculos que surgirão no caminho.

CONQUISTA III

296 Todas as conquistas da humanidade só ocorreram como consequência da crença do mérito ou da meritocracia, ou seja, quando as pessoas se sentiram dignas e merecedoras do que queriam conquistar. Entretanto, muito mais poderosa ainda é a crença no demérito ou na demeritocracia, que ocorre quando as pessoas se acham incapazes e indignas de conquistar algo. Logo, esqueça aquele jargão que diz "Não mereço, mas agradeço". Pela crença do mérito, você sempre merece e agradece porque merece.

SINOPSE - Sinta-se digno de receber todas as coisas boas que o universo oferece. Muitas delas acontecerão não por acaso, mas porque você merece... Lutou por elas e se sentiu merecedor. Então, saiba reconhecer as dádivas, presentes divinos, e seja sempre grato por elas, pois também são suas por mérito.

SEU TIC-TAC
É PRECIOSO

TEMPO II

297

Jamais diga "não tenho tempo para nada", haja vista que o dia tem 24 horas, ou 1.440 minutos, ou 86.400 segundos, e isso é muito tempo. E não é a quantidade de tempo que vai fazer você produzir mais ou menos, mas a forma como se organiza e utiliza o seu tempo.

> **SINOPSE -** O tempo é um bem precioso. Ele não é reposto, não acumula e não volta. Portanto, saiba aproveitá-lo da melhor maneira possível.

TEMPO III

298

Não desperdice seu tempo. Não jogue seu tempo fora. Não "mate" seu tempo. "Quem mata o tempo não é assassino, mas suicida" (AD), haja vista que está aniquilando o bem mais valioso que Deus lhe deu e que nunca mais ressuscitará.

> **SINOPSE -** A boa administração do nosso tempo, nos dias de hoje, é essencial, afinal, uma vez desperdiçado, não se recupera mais.

APROVEITE 100% DO SEU TEMPO

TEMPO IV

299 A única coisa que todos têm em igualdade de condições é o tempo. Logo, pare de dizer que está ocupado. Não alimente a convicção de que estar ocupado é ser importante. Se constantemente você deixa de fazer algo alegando estar atarefado, de duas uma: é falta de organização ou você não tem nenhum interesse em realizar o que diz estar fazendo.

> **SINOPSE –** Quando um novo dia chega, o tempo dele permanece o mesmo para todos. A única diferença está na maneira como você vai administrá-lo e utilizá-lo.

TEMPO V

300 Tempo é questão de prioridade. O dia tem 24 horas. Dá para fazer muita coisa. A pessoa pode dormir seis horas, trabalhar doze, e ainda sobram seis horas para beneficência, lazer, sonhar e até namorar.

> **SINOPSE –** A administração do seu tempo depende de você; portanto, gaste suas horas de maneira responsável, consciente e construtiva.

COMPROMETA-SE COM O QUE REALMENTE VALE A PENA

TEMPO VI

301 Nesta aldeia global em que vivemos, onde "tempo" é diamante precioso, mister faz-se dizer "não" quando necessário, pois dizer "não" quando é preciso é tão importante quanto dizer "sim" para que possamos produzir mais e focar naquilo que interessa.

SINOPSE – Dizer não em algumas situações vai lhe poupar tempo e energia. Saiba reconhecer a hora de diferenciar o que merece o seu sim e o seu não, afinal, você só poderá comprometer-se com aquilo que é essencial e vale a pena.

PROGRAMAÇÃO MENTAL

302 Tenha sempre em mente duas máximas universais: 1) "seu corpo só realiza e alcança aquilo em que sua mente acredita"; 2) "você se torna aquilo no que acredita". Com efeito, programe-se mentalmente para ser um vencedor.

SINOPSE – Logo, para vencer e materializar seus sonhos, acredite sempre que é possível e que você é merecedor. Tenha em mente que os obstáculos, todos, podem ser sempre superados se você acreditar e agir para tanto.

PROGRAME-SE PARA
SER UM VENCEDOR

MODELO MENTAL

303

Mesmo que você seja extremamente positivo, otimize seu tempo, decida radicalmente mudar de vida, tenha ideais grandiosos, angarie conhecimento, planeje, aprenda com os erros do passado, sinta-se merecedor; se o seu modelo mental não estiver programado para prosperar, você estará condenado ao insucesso e à improsperidade. Logo, programe seu modelo mental para ser um vencedor; do contrário nunca progredirá.

> **SINOPSE -** Para se tornar um vencedor, comece a pensar e a agir como um. Programe sua mente para coordenar os pensamentos de acordo com aquilo que você deseja.

PROGRAMAÇÃO MENTAL II

304

É o seu mundo interior que cria o seu mundo exterior. Se você tem um mundo interior voltado à conquista, ou seja, uma mente programada para o sucesso, você será uma pessoa de sucesso. O contrário também é verdadeiro.

> **SINOPSE -** Você atrai aquilo que pensa. Foque em pensamentos positivos e promissores e perceba o quanto sua vida se transformará para melhor.

DESEJE COM TODA FORÇA DO SEU CORAÇÃO E CONQUISTE

DESEJO II

305 A pessoa sempre consegue aquilo que deseja em seu subconsciente, e não o que ela diz querer. Se não está obtendo o que quer, é porque, em seu subconsciente, ela não almeja aquilo de verdade e, por consequência, não despende a energia e a dedicação necessárias para conseguir.

SINOPSE – Quando desejar algo, deseje com todo seu coração. Foque nisso, mentalize e crie mecanismos para materializá-lo. Não basta querer uma coisa da boca para fora se seu cérebro ainda não absorveu e realmente deseja o mesmo que você verbaliza.

CONDICIONAMENTO MENTAL

306 O condicionamento mental para a conquista é um poder extraordinário. Se uma pessoa ganha em jogos de azar, sem estar interior e mentalmente preparada para tal, o mais provável é que o dinheiro tenha vida curta. Com efeito, prepare-se mentalmente para as vitórias e conquistas em sua vida.

SINOPSE – Quando desejar algo em sua vida, deseje intensamente e pense em como serão as coisas após conquistar o que deseja. Tão importante quanto lutar e correr em busca de realizar os sonhos é saber manter aquilo que foi idealizado.

SUPERE-SE PARA SER
UM VENCEDOR

CONQUISTA IV

307 A conquista da prosperidade exige que a pessoa implemente em sua vida, pelo menos, os seguintes elementos: decisão, coragem, ousadia, determinação, conhecimento, especialização, foco, ação, dedicação integral, persistência, muito trabalho, programação mental, não desperdiçar oportunidades, não desistir jamais e ter iluminação divina.

SINOPSE - Para ser extraordinário e ter uma vida de sucesso, prosperidade e felicidade em abundância, a pessoa precisa adotar posturas e desenvolver características que nem todo mundo trata como prioridades. Adote-as e comece a ver a transformação ocorrer em sua vida.

VENCEDORES

308 Certo sábio asseverou outrora: "Vencedores vencem dores". Logo, vá em frente, vá, "enfrente" e lute pela prosperidade com ousadia, coragem, determinação, foco, persistência e muito trabalho, e serás vitorioso.

SINOPSE - Antes de superar o mundo, supere-se a si primeiro. Enfrente suas dores, suas frustrações, suas vontades de desistir, seus medos... A vitória não está apenas no resultado final, ela é conquistada a cada passo dado.

BUSQUE TAMBÉM SE DIVERTIR, ISTO FARÁ VOCÊ PRODUZIR AINDA MAIS

VENCEDORES II

309 Os verdadeiros vencedores ousam, tentam, lutam, focam, persistem, fazem, erram, falham, caem, levantam, corrigem rotas, mas, jamais desistem ou se acomodam, jogando fora a extraordinária oportunidade de, nesta vida, materializar sonhos e construir grandes propósitos, pois eles são cônscios de que os seres humanos foram criados *não apenas para ouvir ou contar histórias, mas, sobretudo,* para fazer história.

SINOPSE - Não importa qual seja o tamanho do seu obstáculo hoje, tenha em mente que você pode superá-lo. Só você tem este poder. Então, desde já comece a pensar de maneira otimista e nas alternativas possíveis para construir pirâmides e fazer histórias.

SATISFAÇÃO PESSOAL

310 Sonhe, estude, ouse, trabalhe e lute diuturnamente, mas não se esqueça também de se divertir, pois, para nossa satisfação pessoal, temos que gastar parte do que ganhamos nos divertindo juntamente com nossos familiares e entes queridos.

SINOPSE - O trabalho é de extrema importância para se ter uma vida digna e feliz, mas saber aproveitar os momentos e as pessoas que são importantes também tem o mesmo grau de relevância.

ESTENDER AS MÃOS PARA ALGUÉM
É EMPRESTAR A DEUS... E DEUS NÃO FICA
DEVENDO NADA A NINGUÉM

CARIDADE II

311 | Não basta sonhar, ousar, estudar, trabalhar, lutar, conquistar sucesso, prosperidade e divertimento. Neste mundo de nosso Deus, para ter felicidade plena, mister faz-se, também, ajudar os mais necessitados.

SINOPSE – Sempre que tiver a oportunidade de contribuir com o próximo faça isto sem pensar duas vezes nem pedir nada em troca. Boas ações sempre fortalecem nosso verdadeiro eu.

CARIDADE III

312 | Quando alcançar a prosperidade, lembre-se de ajudar aqueles que mais necessitam e tenha muita gratidão. Em primeiro lugar, a Deus, luz de tudo. Segundo, aos seus familiares e entes queridos, que estão sempre ao seu lado. Terceiro, aos seus colaboradores, pois ninguém faz nada sozinho. E, por fim, a todos os que o ajudaram, pois a gratidão consiste em um "sentimento irremunerável e inexprimível", principalmente porque "no dicionário de Deus a gratidão vem antes da bênção" (AD).

SINOPSE – Aprenda a ser grato a todos e principalmente ao criador do universo, pois as coisas boas costumam ser frutos de muito trabalho, mas também de iluminação divina e de gratidão.

QUEM SE HUMILHA SERÁ QUEM SE HUMILHA SERÁ
EXALTADO, E QUEM SE EXALTA EXALTADO, E QUEM SE EXALTA
SERÁ HUMILHADO SERÁ HUMILHADO
QUEM SE HUMILHA SERÁ QUEM SE HUMILHA SERÁ
EXALTADO, E QUEM SE EXALTA EXALTADO, E QUEM SE EXALTA
SERÁ HUMILHADO SERÁ HUMILHADO
QUEM SE HUMILHA SERÁ QUEM SE HUMILHA SERÁ
EXALTADO, E QUEM SE EXALTA EXALTADO, E QUEM SE EXALTA
SERÁ HUMILHADO SERÁ HUMILHADO

QUEM SE HUMILHA SERÁ EXALTADO, E QUEM SE EXALTA SERÁ HUMILHADO

QUEM SE HUMILHA SERÁ QUEM SE HUMILHA SERÁ
EXALTADO E, QUEM SE EXALTA EXALTADO E, QUEM SE EXALTA
SERÁ HUMILHADO SERÁ HUMILHADO
QUEM SE HUMILHA SERÁ QUEM SE HUMILHA SERÁ
EXALTADO E, QUEM SE EXALTA EXALTADO E, QUEM SE EXALTA
SERÁ HUMILHADO SERÁ HUMILHADO
QUEM SE HUMILHA SERÁ QUEM SE HUMILHA SERÁ
EXALTADO E, QUEM SE EXALTA EXALTADO E, QUEM SE EXALTA
SERÁ HUMILHADO SERÁ HUMILHADO

SUCESSO V

313 O sucesso é afrodisíaco. Entretanto, quando o adquirir, não fique embevecido por ele, não se envaideça, jamais perca a simplicidade e muito menos a humildade. A perda da humildade torna a pessoa arrogante e prepotente, e este será o começo da derrocada.

SINOPSE – Quanto mais você subir, mais pé no chão você precisará ter. Mantenha seus valores supremos, independentemente da posição social que conquiste.

AUTOCONFIANÇA VII

314 Creia em si e jamais imagine-se sendo vencido. Olhe alto, olhe longe, pense grande, pois o infinito é finitamente possível. A confiança em si é a força motriz que move o mundo, e a sua programação mental faz o querer transformar-se em poder.

SINOPSE – Ninguém pode fazer por você o que você realmente precisa fazer. Esta tarefa é única e exclusivamente sua. Foque nos seus potenciais, reúna suas qualidades e mire os seus objetivos.

VOCÊ É A FORÇA QUE PRECISA PARA SER UM VENCEDOR

SUCESSO VI

315 Você quer ter sucesso? Sucesso é sinônimo de ousadia, coragem, determinação, modelagem, compromisso, disciplina, constância, renúncias, foco, trabalho árduo e iluminação divina. É o antônimo de desídia, indolência, inércia, desleixo, descaso, incúria, apatia, preguiça e enfraquecimento espiritual.

SINOPSE - O sucesso que você tanto deseja depende muito das decisões que não toma e das atitudes que não tem. Mude suas ações e comece a ver os resultados.

MOTIVAÇÃO II

316 Para ser um vencedor você tem que, mesmo exausto, buscar motivação nas profundezas do seu eu interior, lutar perseverantemente contra um exército inimigo e ainda remar contra a maré, fazendo o impossível sem jamais desistir.

SINOPSE - Só alcança a vitória quem jamais desiste. Não espere conquistar seus objetivos sem, ao menos, dar o seu máximo. Esforce-se, dedique seus pensamentos, seu tempo e sua força de trabalho aos seus sonhos, pois somente desta maneira você terá uma vida de realizações.

PARA ATRAIR COISAS BOAS, PENSE EM COISAS BOAS

317 LEIS DO KARMA

Lembre-se de que, pelas leis do "karma", você só tem este momento, só alcança o que deseja, só consegue mudar a si mesmo e só colhe o que planta, pois, em sua vida, tudo tem um propósito. Portanto, aprenda com as lições que ele lhe ensina.

> **SINOPSE –** Doutrine seus pensamentos para atrair coisas boas. Sua mente funciona como um campo magnético, por isso, para atrair coisas boas, pense em coisas boas.

318 AGRADECIMENTO

Você é o arquiteto da sua vida. Em vez de reclamar da chuva, agradeça pelos campos verdes. Em vez de reclamar da enfermidade, agradeça pelos anticorpos que a combaterão. Em vez de reclamar do trabalho árduo, agradeça pela trabalhabilidade. Em vez de reclamar dos amigos ausentes, agradeça por tê-los. E, sobretudo, nunca se esqueça de que você sempre pode recomeçar.

> **SINOPSE –** Pessoas que vivem reclamando sempre atrairão para si mais problemas. Isto funciona como um ímã, quanto mais sua energia focar em um tipo de conexão, mais conectada com isso ela estará. Portanto, foque em coisas boas.

O AMOR É O PRINCIPAL MANDAMENTO, É A BASE DE TUDO O AMOR É O PRINCIPAL MANDAMENTO, É A BASE DE TUDO

O AMOR É O PRINCIPAL MANDAMENTO, É A BASE DE TUDO O AMOR É O PRINCIPAL MANDAMENTO, É A BASE DE TUDO

O AMOR É O PRINCIPAL MANDAMENTO, É A **BASE DE TUDO**

O AMOR É O PRINCIPAL MANDAMENTO, É A BASE DE TUDO O AMOR É O PRINCIPAL MANDAMENTO, É A BASE DE TUDO

O AMOR É O PRINCIPAL MANDAMENTO, É A BASE DE TUDO O AMOR É O PRINCIPAL MANDAMENTO, É A BASE DE TUDO

VIVER

319

Viva o presente, o aqui e o agora, pois o futuro é incerto e o passado é pretérito. Valorize a luz, o sol, a lua, o mar, a terra, o vento, o tempo, o frio, o calor, o trabalho, o ócio, a família, e, sobretudo, o amor. Esta é a verdadeira riqueza, a verdadeira felicidade.

SINOPSE - Compreenda isto o quanto antes, só assim conseguirá ter uma vida de satisfação e paz. Não espere para se dar conta disso em um futuro que talvez não venha, pois "somos um instante e num instante não somos nada".

ACONTECIMENTOS

320

As coisas acontecem, simplesmente acontecem, e as pessoas chamam isso de catástrofe. Mas é comum achar que esses infortúnios nunca acontecerão conosco. Lembre-se de que hoje estamos aqui, e amanhã não mais. Portanto, valorize as coisas mais simples da vida, e, sobretudo, a família, e sempre agradeça por esse pequeno espaço de tempo que chamamos vida.

SINOPSE - As fases ruins não duram para sempre. Por isso, sempre que enfrentar um momento difícil, apegue-se às lições que este momento está tentando lhe passar e aprenda com elas.

O QUE NÃO ME MATA
ME FORTALECE

HOJE

321 Esqueça o passado para viver bem o presente, pois o único responsável pela sua felicidade é você. Ganhar é importante, mas nem sempre você ganhará, e as derrotas serão seus grandes professores, pois o que não o mata o fortalece. Não guarde nada para ocasiões especiais. Hoje é especial. Acredite em milagres, eles existem, e lembre-se de que o tempo cura quase todas as feridas. O amor e a vida, acima de tudo. Vida é um presente divino. E, na dúvida, não ultrapasse.

SINOPSE - Não se prenda às âncoras imaginadas. Liberte-se, liberte suas vontades e seus desejos. Ser fiel ao seu "eu" fará de você uma pessoa melhor, mais leve e mais forte. Aproveite a vida vivendo o agora.

APRENDIZADO

322 Pense grande, mas comece pequeno, e só faça o que é certo. Você só pode mudar você mesmo, jamais o outro. Logo, diga não quando for necessário. Falhar tentando é muito melhor do que não tentar. É importante ter iniciativas, mas muito mais importante é ter "acabativas". Não faça apenas cursos de oratória, mas, principalmente, de "escutatória", pois a língua que você tem que falar fluentemente, além da sua nativa, "é a do silêncio". Desafie-se diuturnamente, nunca deixe de tentar novamente e não desista nunca.

SINOPSE - Todos os dias o universo lhe concede a dádiva de ter uma nova oportunidade para colocar em prática tudo aquilo que você deseja. Sem perceber, muitas pessoas acabam desperdiçando este presente e deixando de realizar agora coisas que podem ser incertas no futuro.

PROBLEMAS TODOS TEMOS...
O QUE VAI TE QUALIFICAR É COMO
LIDAR COM ELES

SUCESSO VII

323 Quem luta pelo sucesso, antes de alcançá-lo, quase sempre experimenta o fracasso. A diferença está na maneira como a pessoa lidará com ele. Se como elemento motivador e de aprendizagem, para dar a volta por cima, ou como elemento desalentador e inibidor que por si só se encarrega de ocasionar a frustração dos seus novos propósitos.

SINOPSE - Jamais olhe para o fracasso como um inimigo. Se algo deu errado para você hoje, é porque ainda não está preparado para receber o que tanto deseja. Trabalhar a mente para entender as razões que levaram ao insucesso é o primeiro passo que você estará dando para o caminho das conquistas.

VIDA

324 A vida é feita de altos e baixos. A uniformidade nela representa a morte. Por isso, aprenda a lidar com esses altos e baixos, porque isso é VIVER!

SINOPSE - Todos os dias, ao acordar, nós recebemos um presente chamado "estamos vivos". E esse presente traz consigo muitas oportunidades de transformação para nossa evolução – o que inclui coisas boas e ruins. Quem quer ter uma vida fácil, tranquila, está no mínimo iludido, sem noção da realidade. É que viver funciona como uma viagem de montanha-russa, cheia de emoção, medos, alegrias. As vitórias e as derrotas fazem parte e precisamos saber lidar com elas para, no fim, sairmos desse sobe e desce com a sensação de vitória e um sorriso no rosto.

VAI, E SE DER MEDO, VAI VAI, E SE DER MEDO, VAI
COM MEDO MESMO COM MEDO MESMO
VAI, E SE DER MEDO, VAI VAI, E SE DER MEDO, VAI
COM MEDO MESMO COM MEDO MESMO
VAI, E SE DER MEDO, VAI VAI, E SE DER MEDO, VAI
COM MEDO MESMO COM MEDO MESMO
VAI, E SE DER MEDO, VAI VAI, E SE DER MEDO, VAI
COM MEDO MESMO COM MEDO MESMO

VAI, E SE DER MEDO, VAI
COM MEDO MESMO

VAI, E SE DER MEDO, VAI VAI, E SE DER MEDO, VAI
COM MEDO MESMO COM MEDO MESMO
VAI, E SE DER MEDO, VAI VAI, E SE DER MEDO, VAI
COM MEDO MESMO COM MEDO MESMO
VAI, E SE DER MEDO, VAI VAI, E SE DER MEDO, VAI
COM MEDO MESMO COM MEDO MESMO
VAI, E SE DER MEDO, VAI VAI, E SE DER MEDO, VAI
COM MEDO MESMO COM MEDO MESMO

BIBLIOGRAFIA

CAPELAS, Heloisa. *O mapa da felicidade*. São Paulo: Editora Gente, 2014.

CHOPRA, Deepak. *As sete leis espirituais do sucesso*. 71ª ed. Rio de Janeiro: Editora Best Seller, 2019.

DINIZ, Janguiê. *Fábrica de vencedores: Aprendendo a ser um gigante*. São Paulo: Novo Século, 2018.

_____. *O sucesso é para todos*: Manual do livro *Fábrica de vencedores*. São Paulo: Novo Século, 2018.

_____. *A arte de empreender: Manual do empreendedor e do gestor das empresas de sucesso*. São Paulo: Novo Século, 2018.

EKER, Harv T. *Os segredos da mente milionária*. São Paulo: Sextante Editora, 2006.

GRACIÁN, Baltasar. *A arte da prudência*. São Paulo: Martin Claret, 1998.

ROBBINS, Anthony. *Desperte o gigante que há em si*. Portugal: Lua de Papel, 2015.

LIVROS PUBLICADOS PELO AUTOR

DINIZ, Janguiê. *Os recursos no processo trabalhista: teoria e prática.* Brasília: Consulex, 1994.

_____. *Os recursos no processo trabalhista: teoria e prática.* 2. ed. Brasília: Consulex, 1994.

_____. *A sentença no processo trabalhista: teoria e prática.* Brasília: Consulex, 1996.

_____. *Temas de processo trabalhista.* Brasília: Consulex, 1996. v. 1

_____. *Ação rescisória dos julgados.* São Paulo: LTr, 1997.

_____. *Manual para pagamento de dívidas com títulos da dívida pública.* Brasília: Consulex, 1998.

_____. *O Direito e a justiça do trabalho diante da globalização.* São Paulo: LTr, 1999.

_____. *Os recursos no processo trabalhista: teoria, prática e jurisprudência.* 3. ed. São Paulo: LTr, 1999.

_____. *Ministério Público do Trabalho: ação civil pública, ação anulatória, ação de cumprimento.* Brasília: Consulex, 2004.

_____. *Os recursos no processo trabalhista: teoria, prática e jurisprudência.* 4. ed. São Paulo: LTr, 2005.

_____. *Atuação do Ministério Público do Trabalho como árbitro nos dissídios individuais de competência da justiça do trabalho.* São Paulo: LTr, 2005.

_____. *Educação superior no Brasil.* Rio de Janeiro: Lumen Juris, 2007.

_____. *Desvelo (Poemas).* Recife: Bargaço, 1990. Reed. 2011.

_____. *Educação na Era Lula.* Rio de Janeiro: Lumen Juris, 2011.

_____. *O Brasil e o mundo sob o olhar de um brasileiro.* Rio de Janeiro: Lumen Juris, 2012.

_____. *Política e economia na contemporaneidade.* Rio de Janeiro: Lumen Juris, 2012.

_____. *Palavras em pergaminho.* Rio de Janeiro: Lumen Juris, 2013.

_____. *Os recursos no processo trabalhista: teoria, prática e jurisprudência.* 5. ed. São Paulo: Atlas, 2015.

_____. *Transformando sonhos em realidade.* São Paulo: Novo Século, 2015.

_____. *Ação rescisória dos julgados.* 2. ed. São Paulo: GEN/Atlas, 2016.

_____. *Ministério Público do Trabalho: ação civil pública, ação anulatória, ação de cumprimento.* 2. ed. São Paulo: GEN/Atlas, 2016.

_____. *O Brasil da política e da politicagem: desafios e perspectivas.* Rio de Janeiro: Sextante, 2017.

_____. *Falta de educação gera corrupção.* São Paulo: Novo Século, 2018.

_____. *Discursos em palavras e pergaminho.* São Paulo: Novo Século, 2018.

_____. *Fábrica de vencedores: aprendendo a ser um gigante.* São Paulo: Novo Século, 2018.

_____. *O sucesso é para todos: manual do livro Fábrica de vencedores.* São Paulo: Novo Século, 2018.

_____. *A Arte de Empreender: Manual do Empreendedor e do gestor das empresas de Sucesso.* São Paulo: Novo Século, 2018.

PUBLICAÇÕES EM COORDENAÇÃO

DINIZ, Janguiê (Org.). Estudo de Direito processual: trabalhista, civil e penal. Brasília: Consulex, 1996.

. (Org.). Estudos de Direito constitucional (administrativo e tributário). Brasília: Consulex, 1998.

. (Org.). Direito processual: penal, civil, trabalhista e administrativo. Recife: Litoral, 1999.

. (Org.). Direito constitucional: administrativo, tributário e filosofia do Direito. Brasília: Esaf, 2000. v. II.

. (Org.). Direito penal: processo penal, criminologia e vitimologia. Brasília: Esaf, 2002. v. III

. (Org.). Direito constitucional: administrativo, tributário e gestão pública. Brasília: Esaf, 2002. v. IV

. (Org.). Direito civil: processo trabalhista e processo civil. Brasília: Esaf, 2002. v. V

. (Org.). Direito: coletânea jurídica. Recife: Ibed, 2002. v. VI

. (Org.). Direito & relações internacionais. Recife: Ibed, 2005. v. VII.

. Revista de Comunicação Social, v. I (Anais do Congresso de Comunicação). Recife: Faculdade Maurício de Nassau, 2005, 146 p.

. (Org.). Direito processual: civil, penal, trabalhista, constitucional e administrativo. Recife: Ibed, 2006.

. Sapere, Revista Bimestral do Curso de Comunicação Social, Recife: Faculdade Maurício de Nassau, v. 1, 145 p., 2006.

. Revista da Faculdade de Direito Maurício de Nassau, ano 1, n. 1. Recife: Faculdade Maurício de Nassau, 2006.

. Revista do Curso de Administração da Faculdade Maurício de Nassau, v. 1, n. 1. Recife: Faculdade Maurício de Nassau, abr.-set. 2006.

. Revista Turismo, Ciência e Sociedade, v. 1, n. 1, Recife, Faculdade Maurício de Nassau, abr.-set. 2006.

. *Revista do Curso de Comunicação Social*, v. 1, Recife, Faculdade Maurício de Nassau, 2006.

. *Revista da Faculdade de Direito Maurício de Nassau*, ano 2, n. 2, Recife, Faculdade Maurício de Nassau, 2007.

. *Revista do Curso de Administração da Faculdade Maurício de Nassau*, v. 2, n. 2, Recife, Faculdade Maurício de Nassau, jun.-jul. 2007.

. *Revista da Faculdade de Direito Maurício de Nassau*, ano 3, n. 3. Recife: Faculdade Maurício de Nassau, 2008.

. *Revista da Faculdade de Direito Maurício de Nassau. Direito Constitucional*, v. XI. Recife: Faculdade Maurício de Nassau, 2009.

. *Revista da Faculdade de Direito Maurício de Nassau. Direito Público e Direito processual*, v. XII. Recife: Faculdade Maurício de Nassau, 2010.

CURRÍCULO

- Graduado em Direito (UFPE).
- Graduado em Letras (UNICAP).
- Pós-Graduação (Lato Sensu) em Direito do Trabalho – UNICAP.
- Pós-Graduação (Lato Sensu) em Direito Coletivo – OIT – Turim – Itália.
- Especialização em Direito Processual Trabalhista – ESMAPE.
- Mestre em Direito – UFPE.
- Doutor em Direito – UFPE.
- Juiz Togado do Trabalho do TRT da 6ª Região de 1992 a 1993.
- Procurador Regional do Trabalho do Ministério Público da União – MPT 6ª Região de 1993 a 2013.
- Professor efetivo adjunto (concursado) da Faculdade de Direito do Recife – UFPE de 1994 a 2010.
- Professor de Processo Civil da Escola Superior da Magistratura de Pernambuco – Esmape (Licenciado).
- Professor Titular de Processo Trabalhista da UNINASSAU – Centro Universitário Maurício de Nassau.
- Reitor da UNINASSAU – Centro Universitário Maurício de Nassau – Recife, de 18/06/2014 a 01/10/2018, da UNAMA – Universidade da Amazônia de 28/10/2014 a 19/09/2018 e UNIVERITAS – Centro Universitário Universus Veritas RJ, de 18/01/2017 a 30/11/2018.
- Chanceler da UNINASSAU – Centro Universitário Maurício de Nassau, da UNAMA – Universidade da Amazônia, UNIVERITAS – Centro Universitário Universus Veritas, UNIVERITAS/ UNG – Universidade Universus Veritas Guarulhos e UNINABUCO – Centro Universitário Joaquim Nabuco.
- Fundador, Acionista Controlador e Presidente do Conselho de Administração do Grupo Ser Educacional – Mantenedor da UNINASSAU – Centro Universitário Maurício de Nassau, UNINABUCO – Centro Universitário Joaquim Nabuco, UNIVERITAS/ UNG – Universidade Universus Veritas Guarulhos, UNIVERITAS – Centro Universitário Universus Veritas, UNAMA – Universidade da Amazônia, das Faculdades UNINASSAU, UNINABUCO, UNAMA, e UNIVERITAS, Bureau Jurídico, Bureau de Cursos e Concursos.
- Presidente do Instituto Latino Americano de Empreendedorismo e Desenvolvimento Sustentável – Instituto Êxito.

- Presidente do Sindicato das Instituições Particulares de Ensino Superior do Estado de Pernambuco – SIESPE de 2001 a 2008.
- Presidente da Associação Brasileira das Mantenedoras de Faculdades Isoladas e Integradas – ABRAFI de 2008 a 2016.
- Presidente da Associação Brasileira das Mantenedoras do Ensino Superior – ABMES de 2016 a 2019.
- Presidente do Fórum das Entidades Representativas do Ensino Superior Particular – FÓRUM de 2016 a 2019.

FONTE: Stone Serif

#Novo Século nas redes sociais